図解

眠れなくなるほど面白い

語彙力の話

著者
五百田 達成

日本文芸社

はじめに

「語彙力」と聞くと、どんなイメージを持たれるでしょうか？

文豪が使うような教養あふれる言い回し？　それとも、同じ「美しい」でも「かわいい」「キュート」「優美」など、ニュアンスに応じて言葉を使い分けられること？　あるいは「早春の候」や「去りゆく春が名残惜しい」など、和歌や古典文学で使われるような雅（みやび）な表現？

　どれも間違いではありません。ですが、仮にそうした「語彙力」を高めたとしても、正直、日常生活にそれほどメリットはないでしょう。「難しい言葉を知っているな」と人から一目置かれるだけです。いや、もちろん一目置かれるのはうれしいし、誇らしいことなのですが、わざわざそのために難しい漢字や古い言い回しを勉強するのは大変というもの。なかなか取り組めることではありません。

　この本で扱う「語彙」はそういうものではありません。本書では「語彙」を「日常生活で使える言い回し」と定義します。

　職場、家庭、学校、地域など、日々の人間関係において、こういうふうに言えばストレスがなく、お互いが気持ちよく生活できるという、魔法の言葉の数々。それが「語彙」です。

同じ「ごめんなさい」でも、どのように言えば相手は納得してくれるか。同じ「これやって」でも、どういう言い回しを選んだら自分も相手も気持ちがいいか。そういう「自分の気持ちをうまく伝えるための言葉」「相手の心理を思い通りに動かす言い回し」を、本書ではさまざまなシチュエーションごとに厳選して紹介、解説しています。

この世のあらゆる人間関係は会話で培われます。会話とは言葉です、つまり、語彙です。「語彙力」をアップさせれば「会話力」「コミュ力」は自動的にアップします。

……といっても、難しい話ではありません。やることは簡単、本書で紹介する言い回しをそっくりそのままマネして人に言う、ただそれだけです。そうすれば、あなたがふだん人間関係で悩み、「どうすればいいんだろう?」と頭を抱えている問題はすべて解決します。それぐらい、言葉の力は偉大なのです。

「語彙力」を身につけることで、あなたと、あなたの周りの人々が笑顔で幸せな毎日を過ごせることを、心から祈っています。

心理カウンセラー　五百田 達成（いおた たつなり）

伝えられるようになる

①言葉はシンプルなものが一番！

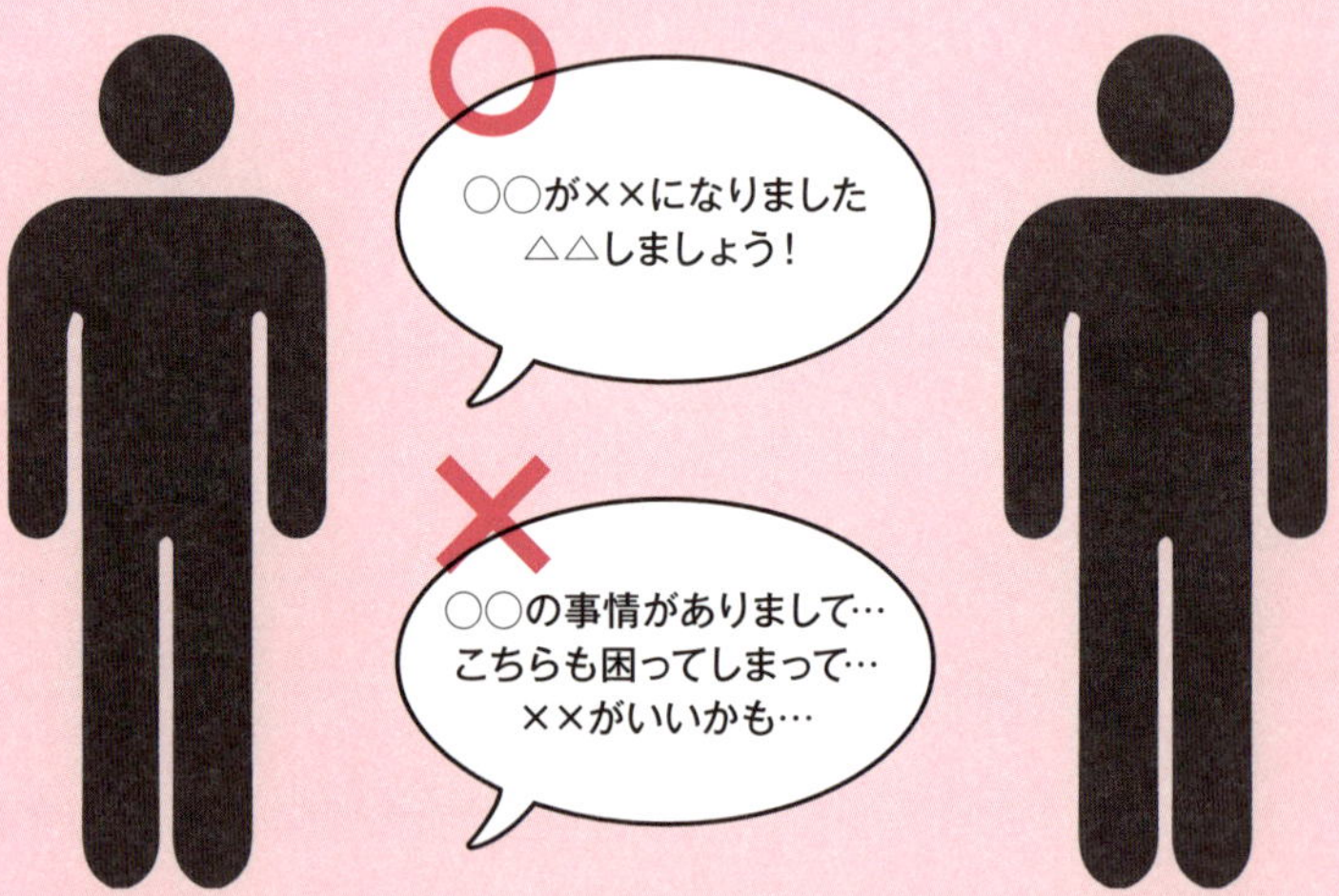
○
○○が××になりました
△△しましょう！
×
○○の事情がありまして…
こちらも困ってしまって…
××がいいかも…

五百田式『心理×語彙力』でまず知ってほしいのは、難しい言葉を使っても「すごい！」と思われる事はないということです。相手に気持ちや情報を伝えたいと思うなら、できるだけシンプルで伝わりやすい、簡単な言葉を使うよう心がけたいものです。

五百田式『心理×語彙力』で

誰でも自分の気持ちを

②複数で話すときは「未来」の話がいい

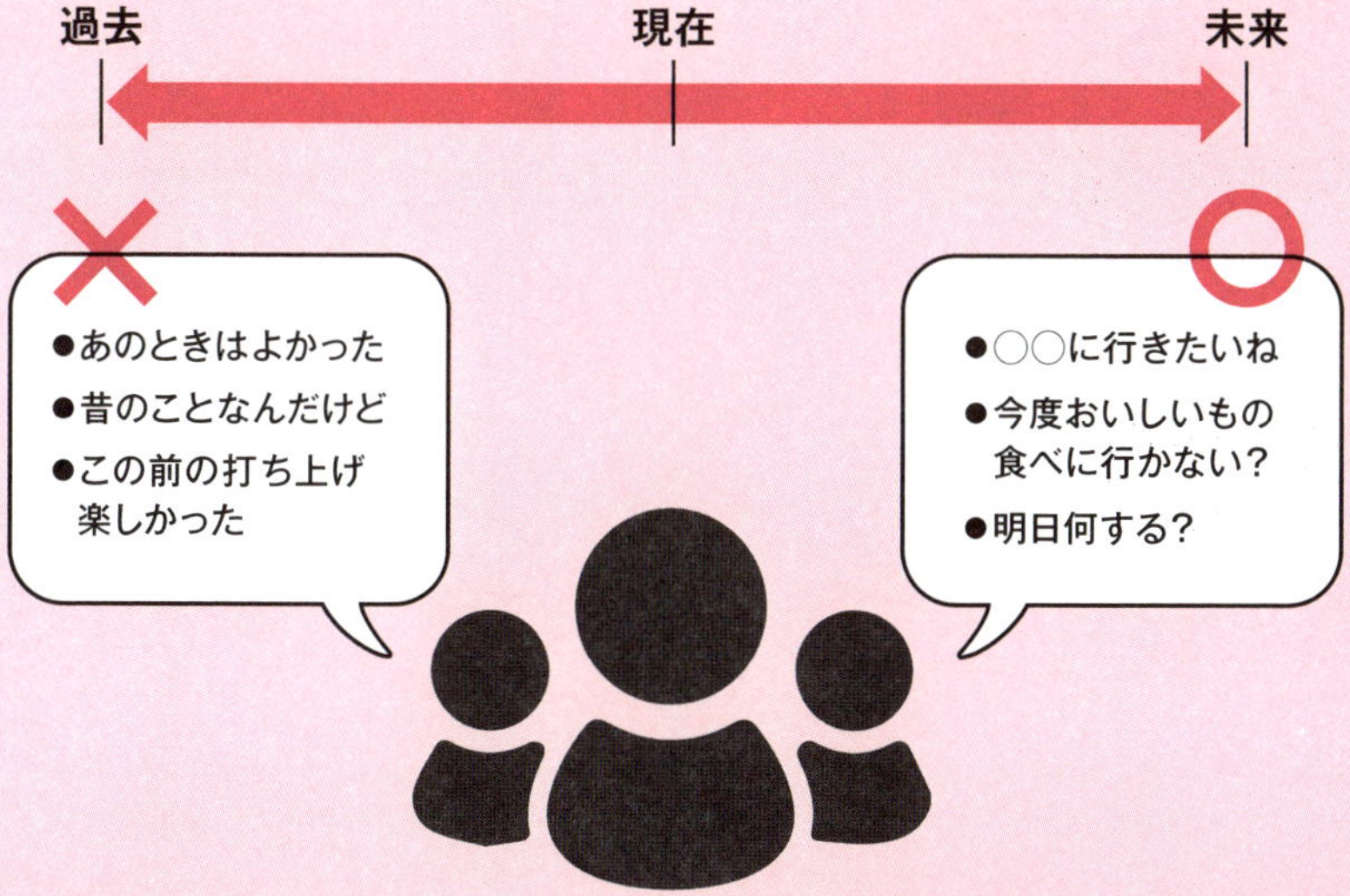
過去
現在
未来
×
●あのときはよかった
●昔のことなんだけど
●この前の打ち上げ楽しかった
○
●○○に行きたいね
●今度おいしいもの食べに行かない？
●明日何する？

複数人の会話では、できるだけ未来のことを話すようにしましょう。過去の話は、何人かだけが知っている「内輪ネタ」になりがちです。これから起こる「未来のこと」を題材にすれば、誰にもまだ起きていないもことなので話題が広がりやすいのです。

③失敗するのも会話のひとつ

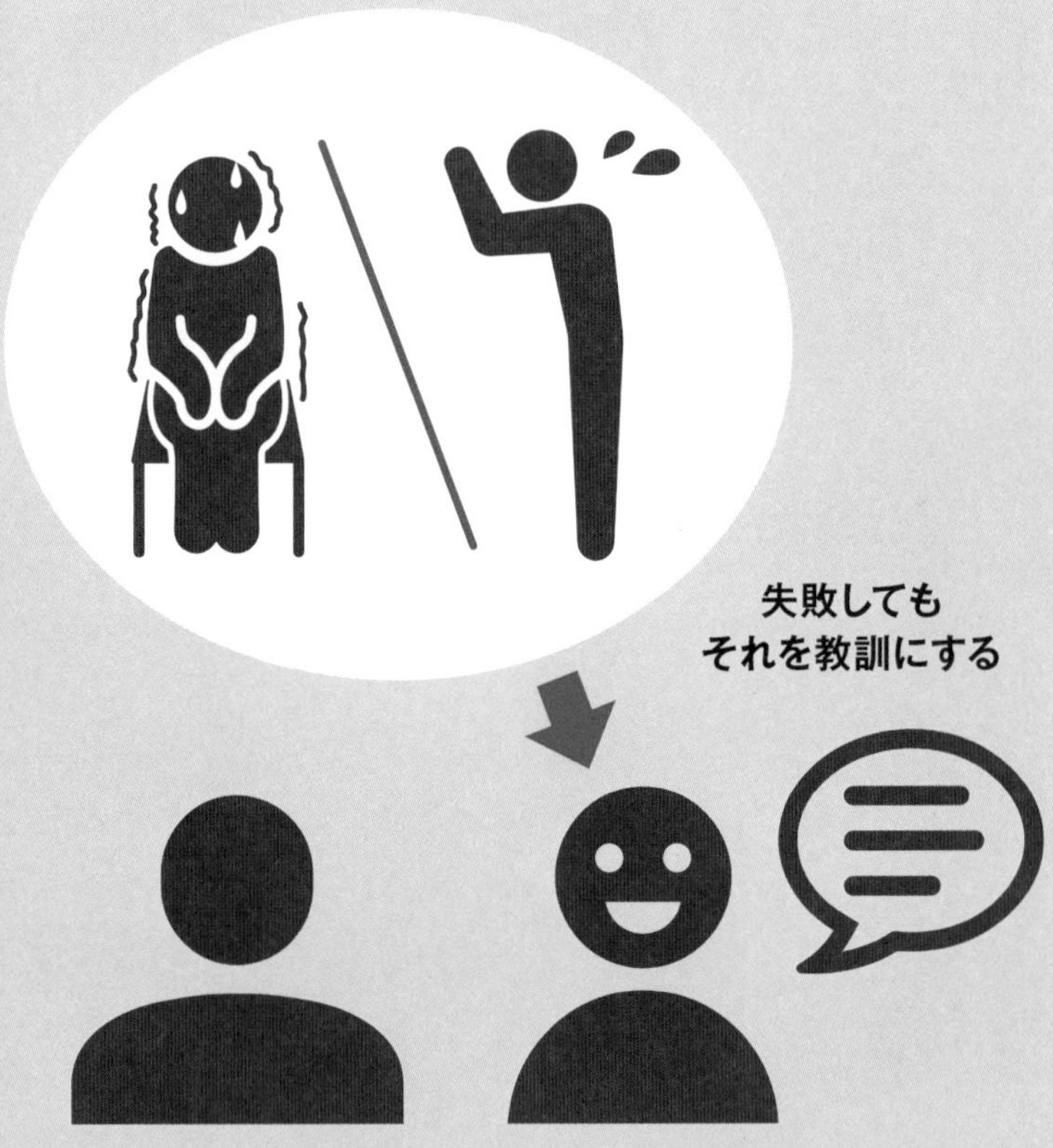

「会話力」や「語彙力」という観点でみれば、失敗を恐れずにたくさんの会話をしたほうが力がつきます。たとえ失敗したとしても、経験を重ねていくことで会話するときの距離感や使ってもよい語彙、失敗したときの対処法などが身についていくのです。

④「五百田式語彙力」で 相手によって言葉を使い分ける

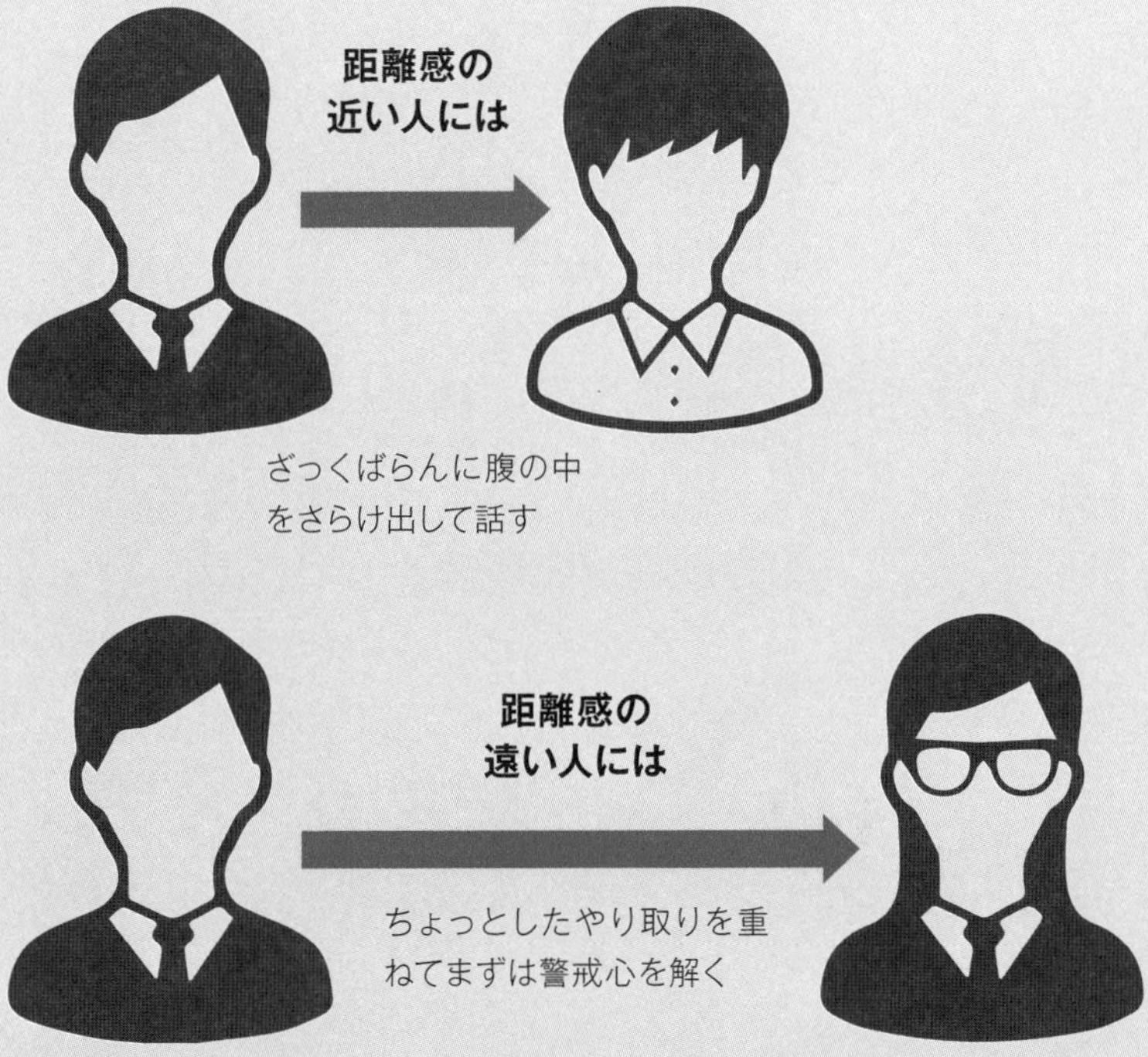
距離感の
近い人には
ざっくばらんに腹の中
をさらけ出して話す
距離感の
遠い人には
ちょっとしたやり取りを重
ねてまずは警戒心を解く

言葉を使い分けるには、相手との距離感が重要です。距離感の近い人には自分の心の中をさらけ出し、遠い人には、相手の警戒心を解くことを心がけます。そうして、相手との一番心地よい距離感を保って会話するのが大切なのです。

⑤言葉を覚えてただ使うのではなく その場に合わせた伝え方も大事

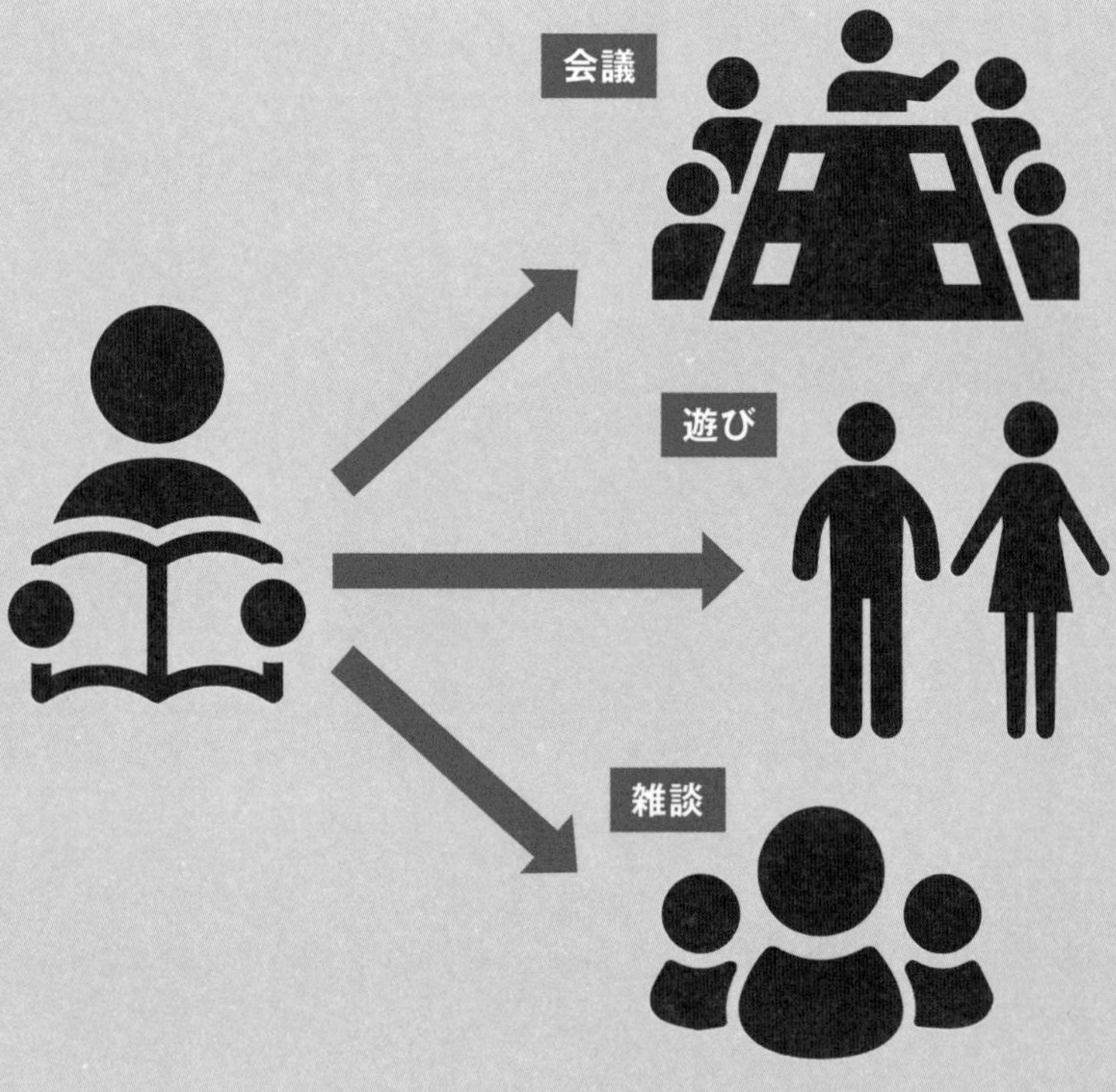

語彙力が会話においての「基礎力」だとすると、「応用力」と言えるのが、会話の広げ方です。会議や遊び、雑談など、さまざまな場において適した話題を広げられるようになれば、コミュニケーション能力も次第に高まっていくでしょう。

【会話の広げ方の例】

1. あいさつ

- こんにちは
- はじめまして
- おつかれさまです

2. 誰もが関係する話題

- 今日は暑いですね
- このところ雨ばかりですね

3. 初対面の場合（名刺交換時）

- 珍しいお名前ですね
- 素敵なデザインの名刺ですね

4. エピソードや体験談

- 最近○○に行きました
- 先日××さんに会いました

5. 話題へのリアクション

- そんなことがあったんですね
- それはすごいですね

6. 相手への質問

- 最近ハマっているものはありますか？
- 好きな食べ物は何ですか？

7. 共通の興味の話題

- 私も興味があります
- どんなところが楽しいですか？

8. 肯定と共感

- その気持ちわかります
- 私も○○は好きです

9. 自分の身近な話題

- 娘が小学生になりまして
- ペットの猫がかわいいんです

10. 会話の切り上げ

- ありがとうございました
- また近いうちに

C O N T E N T S

第2章 自分の伝えたいことがしっかり伝わる語彙力

第1章

相手の心を動かす
すごい語彙力

CHAPTER 01

本気で喜びを伝えたいときには
シンプルな言葉がベスト！
「すごい！」「さすが！」

ACTION
褒める

「上から目線」にならないよう意識する

自分にいいことがあったとき、真っ先に伝えたくなるのは、「喜び」や「うれしい気持ち」ではないでしょうか。**素直な気持ちを伝えて相手が喜んでくれれば、自分の気持ちも豊かになっていきます。**

喜びを伝えるにはいくつかの要素があります。まずは、「相手に対して感謝を伝えること」、次が「褒めること」です。「ありがとう」と気持ちを伝え、相手がしたことを「すごい！」「さすが！」と褒める。そうすれば、相手も悪い気はしません。さらに、「うれしかった」や「楽しかった」などと、**自分が感じた気持ちを素直に話すのも効果的です。**

また、相手が話している言葉に対して、「私もそう思う」や「よくわかる」などと共感することも大切です。お互いの気持ちを分かち合うことができれば、うれしい気持ちが増えていきます。

なお、「喜び」や「うれしい気持ち」を伝えるときは、難しい言葉を使う必要はありません。どんなに難しい言葉で表現しても、相手がピンとこなくては意味がないのです。「単純でシンプルな言葉」「いつも使っている言葉」であることを意識して、会話するように心掛けておくといいでしょう。

またひとつ注意したいのが、褒める言葉の選び方です。例えば、よく使いがちな「頑張ったね」はどこか上から目線のような印象を与えてしまいかねません。言われた側も気分を害する可能性もありますので、**対等な目線に立つことをつねに意識しておき、「さすがだね」や「すごくいいね」といった、普段話しているような言葉を選ぶことが重要です。**

「喜び」にはいくつかの要素が含まれる

感謝する

いつもありがとう

褒める

すごいね

感想を言う

うれしかった

共感する

よくわかるー

難しい言葉を使っても、相手に伝わらなければ意味がない

単純でシンプルな言葉

いつも使っている言葉

がベスト

特に気をつけなければいけないのは「褒める」こと

目線が上から

「よくやったね」「頑張ったね」といった褒め方は、上から目線に感じ、相手に不快な感情を抱かれる可能性がある。

目線が対等

「さすがだね」「すごくいいね」など、対等な目線での感想は、相手にも喜ばれる。

CHECK! 対等な目線で、素直な感想を述べて褒める

CHAPTER 02

相手から「話したい！」と思われる究極の〝共感フレーズ〟

「同感です」「わかります」「おっしゃる通りです」

ACTION
共感する

≫ 否定はせずに肯定する

誰かと話をしていて、「話しやすい」「話しにくい」と感じることがあります。ビジネスシーンに限らず日常でも、**誰かとの信頼関係を築くには話しやすい雰囲気を作ることが重要です。**

そのために注意しておきたいのが、「否定する言葉を使わないこと」です。たとえば、「そうですか？」「いや、でも」「それはどうでしょう」などの言葉は、相手は話しにくさを感じてしまい会話が進まなくなります。「この人は私のことが嫌いなのかな」「自分に反感を持っているのではないか」と警戒心を持ってしまい、人間関係は悪くなってしまいます。

逆に「この人と親しくなりたい」「心理的な距離を縮めたい」と思うのなら、肯定的でポジティブな言葉を返すようにしましょう。「同感です」「そうですよね」「よくわかります！」といった言葉は、相手をうれしい気持ちにさせ、会話を長続きさせられます。

肯定的な言葉をかけられると、「この人は否定してこない」「自分のことをジャッジしようとしない」「マウンティングをしてこない」といった安心感が得られるため、「もっとこの人と話したい」という感情がわいてくるのです。

会話の目的は、単に情報をやり取りすることだけではありません。大きな仕事をやり遂げるためや自分自身の人脈を広げるためなど、理由はさまざまでしょう。そこには**人との距離を縮め、関係を構築するという目的があるはずです。**それを見極めたうえで、自分にとって有益な会話が求められるのです。

「肯定」の言葉を使って会話を進める

否定の言葉では会話が続かない

そうですか？
いや、でも
それは
どうでしょう
否定の言葉を言われると
話しにくいから
だまっていよう

ポジティブな言葉で相手を肯定する

同感です
そうですよね
よくわかります
肯定の言葉で返されると
この人ともっと
話したい！

肯定するということは

- 否定してこない
- ジャッジしてこない
- マウンティングしてこない

ことの表れ

自分の話を
聞いてくれる
優しい人だ
相手との
心理的距離が
縮まっていく

CHECK! 決して否定をせずにポジティブな言葉で返す

CHAPTER 03

「○○さんにやってもらえると助かるんだけど」

お願いを絶対に聞いてもらえるようになるキラーワード

ACTION 頼む

相手が特別な存在だと伝える

仕事上での少々無理なお願いや、家族や友人になにか頼むときなど、重要になるのが言葉選びです。ここでは、3つのキラーワードを紹介します。

まずはじめは「○○さんにやってもらえると助かるんだけど」です。この言葉には、**相手の能力を高く評価しているという意味合いが込められています。**その上で、押しつけがましくならず、「やってもらえたらありがたい」気持ちも伝えられます。

次に挙げるのは、「○○さんにしかできない」という言葉。こちらは、「他の人では替えがきかない」という意味合いになり、先の言葉以上に、**経験や能力を買っているという意味になります。**この言葉を使う際には、「どうしても誰かがやらなければならないこと」である点や、なぜその人にしかできないのかといった内容を具体的に伝えることで、より引き受けてもらいやすくなるのです。

最後のキラーワードは、「こんなことを頼めるのはあなたしかいない」です。この言葉には、**「自分にとって相手が特別な存在である」という意味合いがあります。**もちろん、ある程度関係の深い相手にしか使えませんが、言われたほうは、「特別な存在」と認められて悪い気はしないはずです。また、「他に頼める相手がいない」ことも強調しておくといいでしょう。

なお、いずれのキラーワードを使うときにも、その前に「忙しいところ申しわけないが」「難しいと思うけど」など、相手を気遣う言葉をつけることで、さらに印象がアップし、お願いを聞いてもらえやすくなることも覚えておきましょう。

引き受けてもらいやすい上手な頼み方

1. ○○さんにやってもらえると助かるんだけど

- 相手の能力を高く評価しているという姿勢を示す
- 押しつけがましくならず、「やってもらえたならありがたい」という気持ちを表す
- 「あなたが適任」という意味合いを込める

2. ○○さんにしかできない

- 経験や実務能力から、他の人ではできないことだと強調する
- 難しいがやらなければならないことであると伝える
- なぜその人にしか頼めないかを、具体的に述べる

3. こんなことを頼めるのはあなたしかいない

- 自分にとって、相手がいかに特別な存在であるかを伝える
- 他に頼める人、対応する方法がないことを述べる
- ある程度の関係を築いている人に対して使う

いずれの場合も、「忙しいところ申し訳ない」「難しいと思うけど」といった前置きをして話すとよい

CHAPTER 04

次も気持ちよくお願いを聞いてもらえるようになる魔法の言葉

「○○さん、××してくれたんですね」

ACTION 頼む

≫相手への思いやりが大切

営業などの対外的な業務に限らず、仕事をしていく上で、「相手の名前を覚える」というのは大切なことです。

特に、相手に何か依頼したり、お願いしたりという場合は、「新人くん」「派遣さん」などという呼び名ではなく、「鈴木さん」「佐藤さん」というように、しっかりと名前を呼ぶようにしましょう。

呼ばれた側は、「間違いなく自分に対して話している」と安心できますし、「自分のことをひとりの人格として認めてくれている」と実感できます。そうなれば、多少無理なお願いでも、「なんとか力になってあげよう」という気持ちがわいてくるものです。

また、相手のしてくれたことに対する敬意を伝えるのも重要なポイントです。

そのためには、「○○した」ではなく、「○○してくれた」という言い回しを使うといいでしょう。「××さんが作った資料だけど」ではなく、「××さんが作ってくれた資料だけど」と言ったり、「昨日残業した人」ではなく「昨日残業してくれた人」と言ったりするのが有効です。このような言葉を使うことで、**相手をねぎらうニュアンスが付け加えられ、言われた側は「きちんと敬意を払われている」と実感することができるのです。**

名前を呼ぶことも、言い回しを工夫することも、相手の自尊心を満足させ、会話をよい方向に向かわせる効果が期待できます。よりよいコミュニケーションを行うために、ぜひともこのテクニックを覚えてください。

お願いをするときに気をつけること

相手の名前をきちんと呼ぶ

新人くん
派遣さん
○○社さん

斉藤さん
佐藤さん
鈴木さん

NG ／ OK

名前で呼ばれると

- 間違いなく自分に話していると確認できる
- 自分のことを、ひとりの人格として認めてくれていると感じられる
- 自分の名前を覚えていてくれることに、うれしさと安心感を覚える

「～してくれた」という語尾で話す

○○さんが作った資料だけど～ → ○○さんが作ってくれた資料だけど～

昨日残業したメンバーは誰？ → 昨日残業してくれたメンバーは誰？

「～してくれた」という言い方をすることによって、相手は

- 「相手に敬意を払われている」と実感する
- 「この人のためにやってよかった」と思える

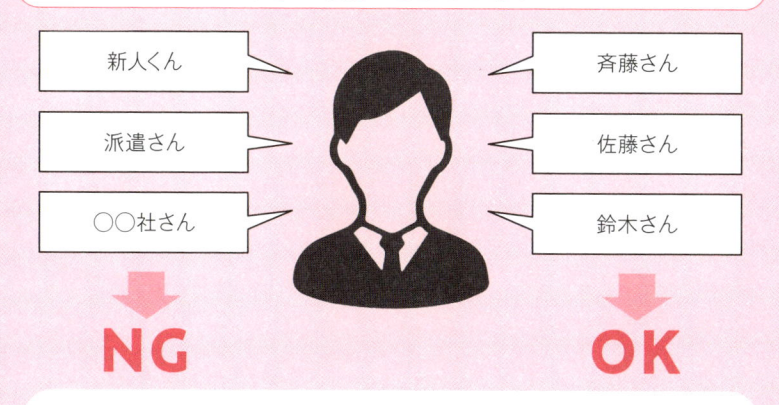

ACTION

頼む

CHAPTER 05

「ピンチです」

助けてほしい！という気持ちが一発で伝わる

≫自分の状況を最初に伝える

仕事上のトラブルや、日常での困りごとで誰かにお願いをする場合、まずは自分の状況を話すことが大切です。「ピンチです」「助けてください」といった**ストレートな言葉で、まず自分が大変な状況に陥っていることを伝え、気持ちをさらけ出しましょう。**

そこから先は、**相手のタイプによって言葉を使い分けると効果的です。**基本的には「Ｈｅｌｐ ｍｅ」を伝えるのですが、いつも忙しそうにしている上司にアドバイスを求める場合なら「3分お時間いただけますか？ トラブルの件でご意見いただきたいです」と、**時間と助言をもらえるかを尋ねると、相手も納得してくれやすくなります。**このとき、きちんと相手を立てながら話すことがポイントです。

一方、時間に余裕があって、人の話を聞くのが好きな相手に対しては、「ちょっと困ったことになりまして、お力貸してもらえますか？」と、切り出します。このタイプの人には、**雑談なども挟みつつ、好意的な雰囲気を作ってから話すとよいでしょう。**「信頼しているあなただから相談している」というような、フラットな姿勢も有効です。

さらに、会社でもプライベートでも、「頼られ好き」という人もいます。そういう相手には、**少しおだてるような言葉も交えながら、アドバイスもらうような言い方が効果的です。**また、何かの見返りを求めるタイプの人には、「この埋め合わせは必ずします」といった、取引のような言い方をすると、協力してくれる可能性が高まります。

シンプルに、かつ相手のタイプに合わせて

お願いの言葉はシンプルに

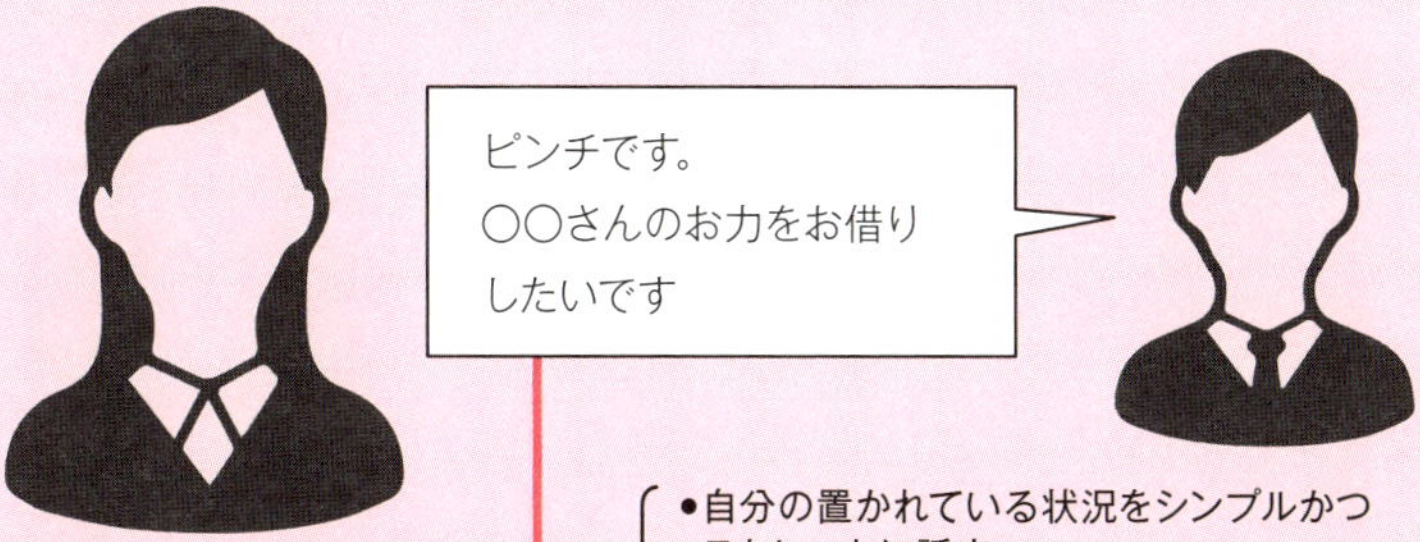
ピンチです。
○○さんのお力をお借りしたいです

- 自分の置かれている状況をシンプルかつストレートに話す
- 自分の気持ちをさらけ出す
- 「Help me」と「Only you」を伝える

- 好意的な雰囲気を作ると話を聞いてくれやすい
- 「信頼しているあなただから」というようなフラットな姿勢も効果的

相手のタイプによって使いわける

- 頼られるのが好きな人には
- 見返りを求める人には

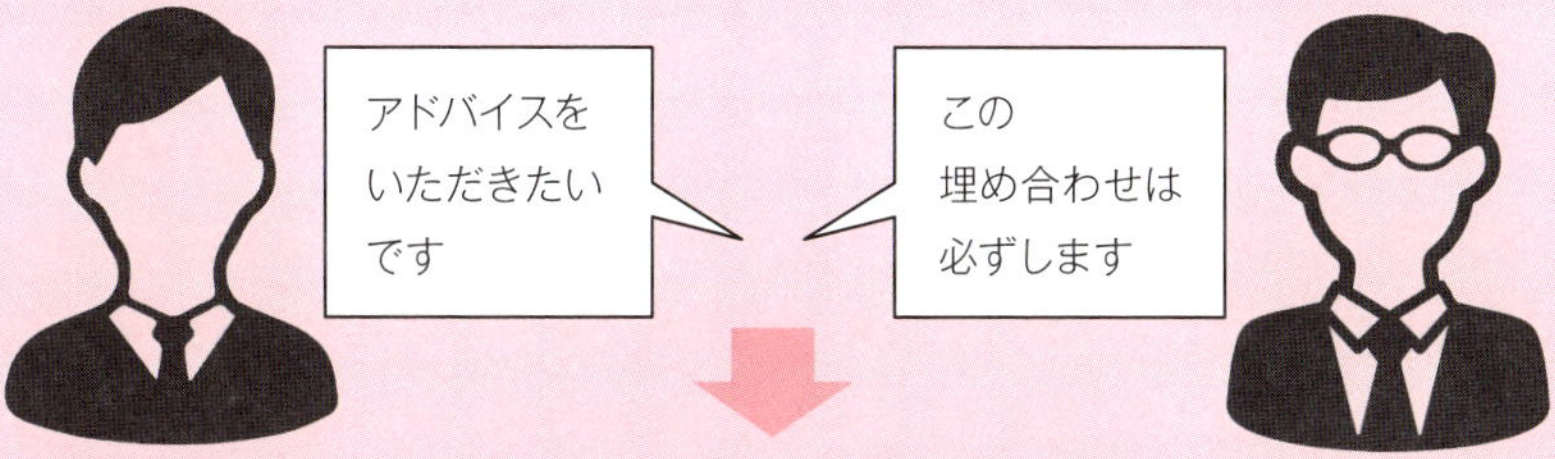
アドバイスをいただきたいです
この埋め合わせは必ずします

どんな性格かを把握して頼む

CHECK! 相手のタイプを見極めて頼むと効果的

CHAPTER 06

「誘ってくれてありがとう」

行きたくないお誘いを断るときの神ワード

ACTION 断る

》》「4ステップ」で断る

誰しも、人からのお誘いを断るというのは心苦しいもの。特に上司や目上の方からのものであればなおさらです。そんなときには、次の「4ステップ」を意識しましょう。

まず最初のステップは「お礼」です。どんな誘いでも来てほしいという期待を持って声をかけているわけですから、**まずは、「誘ってくれてありがとう」とお礼の意思を表しましょう。**

第2ステップは、断る理由です。「ちょっと……」や「はあ……」などと口ごもらずに、はっきりと理由を答えます。**角が立たないように気をつける必要があるので、「その日は別件があって」「仕事が抜けられなくて」と明確に答えるようにしましょう。**

3番目のステップは、謝罪です。「せっかく誘ってくれたのにすみません」「期待に応えられずごめんなさい」というように**正直に謝ることが大事です。最後のステップは、将来に向けての一言です。**「またご一緒させてください」「この次は必ず！」など返答することで、関係性が途絶えることなく、次へつながっていくことになります。

相手との立場やそのときどきの状況に応じて、言葉を選ぶ必要はありますが、基本となる4ステップを押さえておけば、相手とも良好な関係を続けることができるでしょう。**これらの一連の流れは、断られた相手の不安な気持ちを打ち消す効果があります。**「誘われて迷惑だったのかな」などと思われることがないように、断り方にも少し気をつけておきたいところです。

誘いを断るときの「4ステップ」

「今夜飲みに行こう」と誘われたとき

ステップ❶
●まずお礼を言う

誘ってもらって
ありがとう
ございます

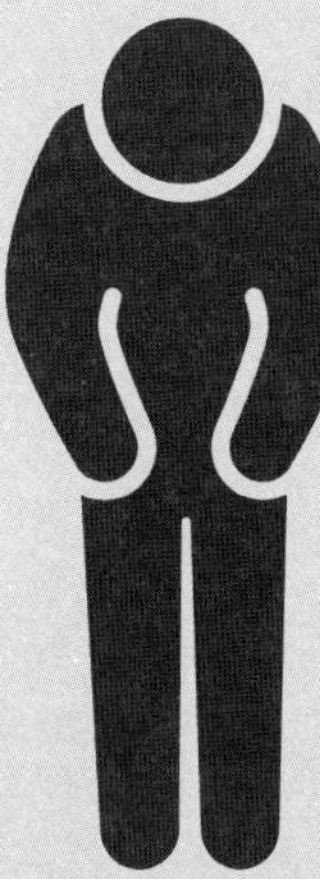

ステップ❷
●断る理由を伝える

今夜は
遅くまで仕事が
入っていて

ステップ❸
●ストレートに謝る

本当に申しわけ
ありません

ステップ❹
●リスケするなど、次に向けての希望を話す

また
ご一緒させて
ください

相手の不安な気持ちを打ち消す言葉を添える

なんで断るの？

明日までに、顧客向けの資料を
作らなければならないので…

→ 理由を明確かつ客観的に示す

せっかく
誘ったのに

ぜひご一緒したいのですが…

→ 残念という気持ちを表す

CHECK! ステップを踏んで、相手の不安を打ち消す言葉を

CHAPTER 07

面倒な頼み事をうまく断るフレーズあれこれ

「ぜひやりたいのですが」「行きたかったんだけど残念」

ACTION 断る

≫最初のアクションが大切

前項で断り方の基本を説明しましたが、もうひとつ重要なテクニックをご紹介します。それは、**何かを頼まれたとき、「最初に前向きな姿勢を示す」ということです。**

何かのお誘いであれば、「行きたい！」「楽しそう！」という言葉が有効です。また、仕事や頼みごとであれば「ぜひやってみたいです」「調整してみます」というような回答がそれにあたるでしょう。

瞬間的には前向きな答えをしておき、その後で、「残念ながら別件があって」「時間が取れそうもないので」と断るのが効果的です。先に前向きな言葉を言っておくことで、「あなたのために協力したい」「一緒に何かをしたい」という気持ちが伝わって、相手も感情を害することが少なくなります。

もし、**言葉だけで断るのが難しいようであれば、「ちょっと電話で確認します」「スケジュールを見てみます」と言って、少し時間を置き、「調整したのですが難しいです」と答えることで、より説得力が増していくことでしょう。**

相手は依頼や誘うだけでなく、あなたが自分を慕ってくれているか、信頼してくれているかなども同時に見ています。最初に前向きな答えをすることで、相手に対してマイナスの感情を持っていないことが伝わり、その後もよい関係が続けていきやすくなります。

逆に、無理をして引き受けたものの、結果的に達成できずに終わってしまうと、今まで築いてきた信頼関係を失ってしまいます。**無理なときは無理と言うことも関係性を築くのに大事なことなのです。**

前向きな姿勢を見せてから断る

例1. 懇親会の幹事を頼まれたとき

部内の懇親会の幹事をやってもらえないか

ありがとうございます
お声かけいただいて光栄です

●まず最初に、前向きな姿勢を示す

ぜひやりたいのですが、今〇〇のプロジェクトで時間が取れない状態で…すみません

●明確な理由とともに、断る意思を伝える

例2. テニスサークルに誘われたとき

一緒にテニスサークルに入らない？

わあ、楽しそう。
ぜひやってみたいです

●まず最初に、前向きな気持ちを答える

行きたいのですが、
残念だけど今仕事が忙しくて、ごめんなさい

●理由と残念な気持ちを述べて断り、謝る

前向きな断り方をすることの意味

- 最初に前向きな回答をすると、相手からの印象が悪くならない
- 嫌々引き受けて、関係が悪くなるよりは、スマートに断ったほうが人間関係がよくなる

CHAPTER 08

「上から目線」と思われないアドバイスの時の言葉

「こんな方法はどうかな」

ACTION
提案

≫控えめに選択肢を提示する

後輩や部下など、若い人を相手にアドバイスをするとき、とにかく「絶対に○○したほうがいい」と押しつけがましく言う人がいます。しかし、これはあまりよい言い方ではありません。言われたほうからすると、「上から目線で言っている」「自分を支配しようとしているのでは」と、反発心を抱いてしまいかねないのです。

アドバイスする側の人とされる側の人では、時代や環境が大きく違います。その人がやって成功したからと言って、今の若い人が同じことをしてうまくいくとは限らないのです。

こんなときの上手なアドバイスは「選択肢を示してあげる」ことです。例えば、「こんな方法はどうかな」「こんな案を試してみたら？」というように、「あくまでもそれを選ぶかどうかはあなた次第ですよ」というニュアンスをもって話すのです。そこに、「その案を選んだ場合もしっかり見守っていますよ」という意味合いも込められればベストです。

もちろん、自分で選んだからにはうまくいかなかったときの責任も、その人にかかってきます。しかし、それは、仕事をしていく上では当然のこと。その人には、そのやりかたで失敗する権利、それによって新たな学びを得る権利があるのです。

このようなアドバイスをしていけば、相手はむしろ、「問題解決の案をもらえた」と、気持ちよく感じるでしょう。**部下や後輩へのアドバイスは、「知識や経験をそっと差し出す」ぐらいの気持ちで行うのがちょうどいいのです。**

選択肢を示し、判断は相手に任せる

「上から目線」に聞こえる話し方

もっと外に出て、人とたくさん話さないとダメだろ

- 「絶対にこうしたほうがいい」というのは「上から目線」に感じる
- 自分のやりかたを部下などに押しつけることは、相手を支配しようとすること

- **言われた側は、「今は時代も環境も違うしな」、「うまくいったのは、あなたの場合ですよね」という気持ちになる。**
- **今のやりかたで失敗して学ぶ権利、骨身にしみて学ぶ権利がある。それを奪ってはいけない。**

上手なアドバイスの言葉

例えば、こんな方法はどうかな

- 押しつけるのではなく「あくまでひとつの考え方」として選択肢を示す
- 「判断するのは（もちろんそれに責任を持つのも）あなたですよ」という意味合いを持たせる
- 「経験や知識をそっと差し出す」というぐらいの控えめな姿勢が大切

CHECK! **叱る、教えるのではなく、選択肢を提示する**

CHAPTER 09

反感を買わずに後輩を注意するときにうってつけなフレーズ

「私はこう思う」

ACTION 注意する

》指導に使えるふたつの話法

会社において、後輩の指導というのは難しいものです。上司のように命令する立場にもなく、かといってよくないことは正さなければならない。特に、相手が生意気な後輩であればなおさらです。

そんなときに役立つのは、「Ｉ話法」と「Ｗｅ話法」というふたつの話法です。

「Ｉ話法」は、「私はこう思うから、こうしてほしい」というように、自分の気持ちを伝える話し方。

「あなたは○○だからダメ」というような「Ｙｏｕ話法」に比べて、押しつけがましくなく、謙虚な姿勢になるので、相手も受け入れやすくなります。また、叱るというよりは、まっすぐな「依頼」になるため、相手としても、「話を聞いてみようか」という気持ちになるでしょう。もし、「私はそうは思わない」と返された場合は、「ではどうしようか」と、そこから議論を始めればいいのです。なお、「Ｉ話法」を使う際には、自己主張ばかりで相手にわがままととらえられないように注意しましょう。

一方**「Ｗｅ話法」は、「ミスがなくなるように、一緒に気をつけていきましょう」といった、「自分たち」を主語にした話法です。**このような言い方をすることで、「自分はあなたの敵ではない」というメッセージが明確になります。加えて相手との一体感が生まれ、仲間意識も強まります。

なお、「Ｗｅ話法」を使うときには、「取引先を驚かせるような提案をしよう」というように、共通の目的やハードルを設定することで、より強い絆を感じさせることもできます。

「I話法」と「We話法」を使う

「I話法」と「We話法」で後輩を注意する

私はあなたの、○○なところが
気になるので、直してもらいたい
（I話法）

ミスはしかたがないが、同じこと
を繰り返さないように、一緒に
気をつけよう
（We話法）

→ **一方的な注意ではなく、「私は」「私たちは（一緒に）」と言うことで、一体感を持たせ、押しつけがましさがなくなる**

「I話法」と「We話法」の特徴

	I話法	We話法
主語	私は～ 僕は～	私たちは～ みんなで～
効果	「私はこう思うので、こうしてほしい」という依頼になるため、相手も納得しやすい。	「みんなで成功させよう」といった、相手と自分を一体化させることから、当事者意識が芽生える。
注意点など	自己主張ばかりで、わがままにならないように注意する。	「部長はうるさいが、一緒にがんばろう」というように、共通の敵を作るのも有効。

CHAPTER 10

ACTION 謝る

トラブルになったときにお互い気持ちよく終われる「私も悪かった」

》》相手との間に勝ち負けをつけない

人間の懐の深さというのは、ふとした言動に出るものです。**誰かとケンカをしてしまった、仲違いしてしまったときは、ついつい相手を責めてしまいがちですが、そういうときほど冷静に対処する必要があります。**

例えば、誰かとケンカをしたり、相手がミスをして謝られたとき、あなたはなんと返すでしょうか。「ごめんなさい」と言われて、「いいよ」や、「わかったもういい」と答えるようでは、いい人間関係が築けているとは言えません。なぜなら、このような対応をすると、相手との間に「勝ち負け」ができてしまうからです。

謝られたときに気をつけたいのは、相手の気持ちを気遣う心の広さを見せることです。ケンカにしろミスにしろ、自分の側には全く非はなかったのかをもう一度考えてみましょう。基本的にケンカは両方に原因があることが多いですし、仕事上のミスも、途中で気付けなかったこちら側にも、問題があることが多いのです。どんなに小さなことでも、**自分の側の非を探して謝ることが大切です。**

ケンカをして「ごめんなさい」と謝られたら、「いや、私も悪かった」と謝る。「ミスをしてすみません」と言われたら、「いや、私の指示も悪かった」と返す。それだけで、**相手との関係が対等になり、そのあとも良好な関係を続けることができます。**

このような言葉を返せるようになれば、相手も恐縮して、「いや、そんなことはありません」となり、円満に解決に向かっていくことでしょう。

謝罪の言葉には謝罪で返す

自分の非も認めるのが大切

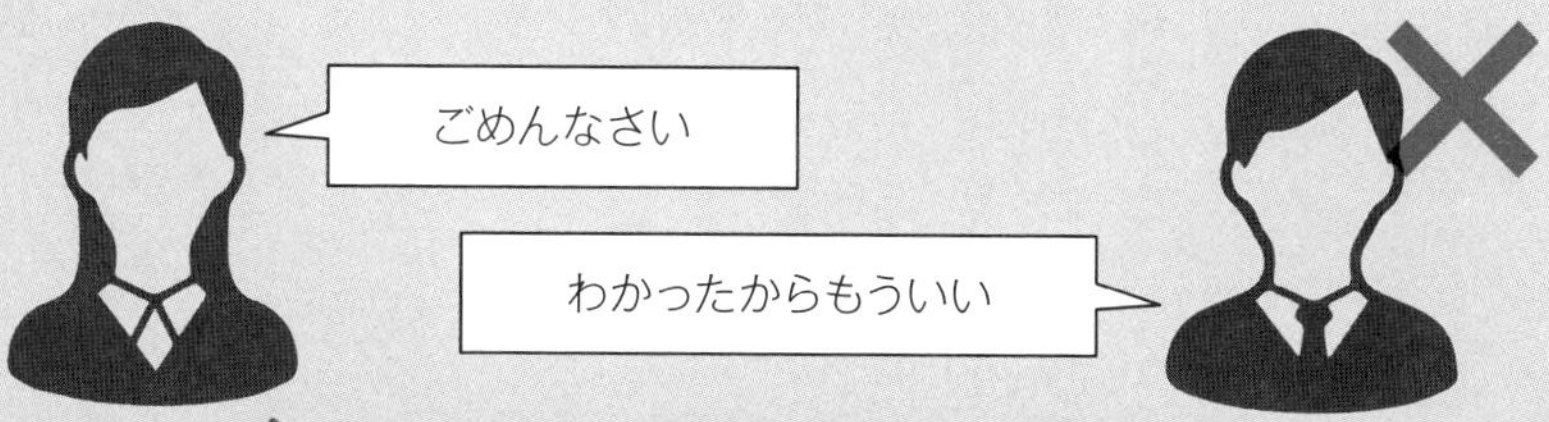
ごめんなさい
わかったからもういい

→ふたりの関係に勝ち負けができたように感じ、謝った方は釈然としない

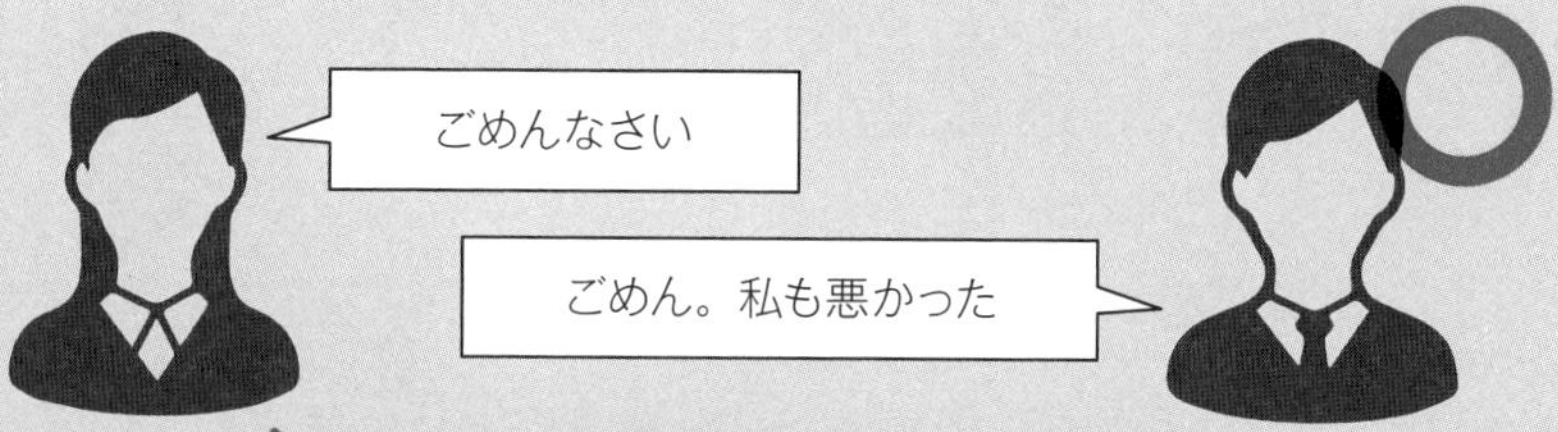
ごめんなさい
ごめん。私も悪かった

→自分の非の部分は認めて、素直に謝ることで、良好な関係を作れる

ビジネスの場であれば

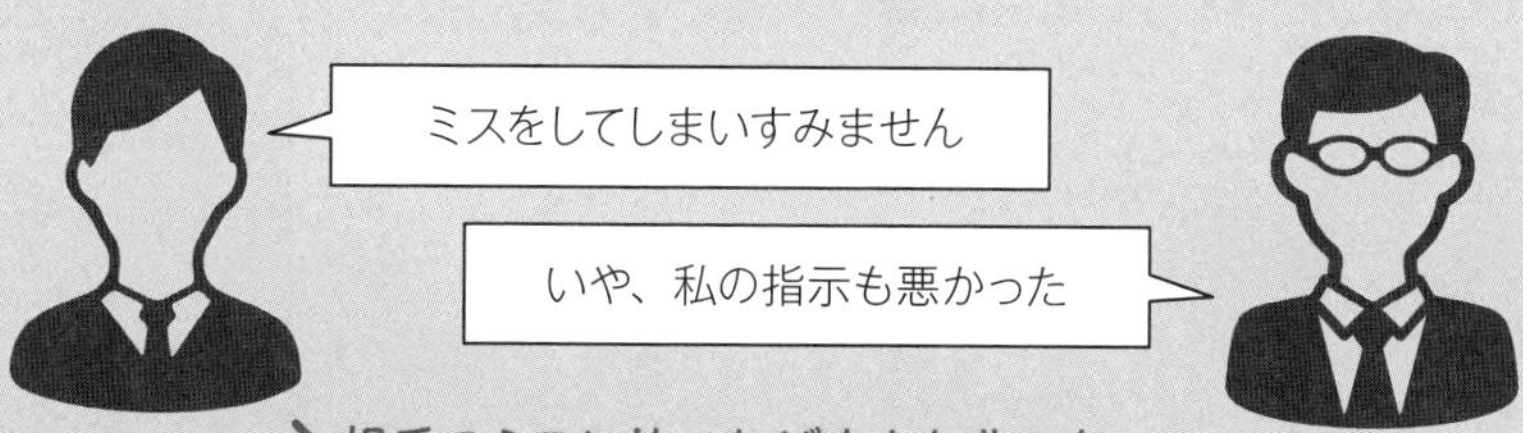
ミスをしてしまいすみません
いや、私の指示も悪かった

→相手のミスに比べれば小さな非であっても、それを認めて謝るのが重要

CHECK! 謝ることによって、ふたりに「勝ち負け」ができてはいけない

CHAPTER 11

「あなたならできる」

相手のやる気がアップする正しい叱り方

ACTION
叱る

》》タイプを見極めた対応をする

ミスや失敗を注意して改善させるのが叱ることの大きな目的ですが、それだけでは十分とは言えません。せっかくなら、相手のやる気をアップさせることを目指したいところです。

上手に相手のモチベーションを上げるには、それぞれのタイプを見極めます。**まず、自分に自信を持っていて、プライドの高いタイプであれば、そのプライドをうまく刺激します。**

プライドの高い人は、「自分はできる」「実力がある」と思っていますから、「君ならもっとできるはずだよ」「本当の実力を出せばもっといけるだろう」というような言い方が有効です。ポイントは、叱りながらも相手を認めていることを伝えている点。そのうえで、「伸びしろ」を期待していると伝えれば、相手は「よし、頑張ろう」という気持ちになります。

一方、**自分のプライドよりも、「相手をがっかりさせたくない」というような気遣いをする人には、**違ったアプローチがあります。それは、「こうして注意しなくてはいけないことが残念なんだけど」と、**こちらが残念に思う気持ちを伝えることです。**情の深い人にとっては、期待を裏切ることを何より避けたいと思っています。そこを刺激する叱り方をすることによって、「次こそはがっかりさせないようにしよう」と奮起してくれるはずです。

単に叱るだけでは、その場でのミスを指摘するだけにとどまってしまいます。どうせなら、相手を奮起させるチャンスととらえて、部下や後輩を成長させるような言葉で叱るようにしましょう。

プライドを刺激する叱り方

「プライド」とは → 「自分はできる」という自信と誇り
それを上手に刺激するのがポイント

自分ならできる！
私なら
やり遂げられる！
刺激
刺激
刺激

上手な叱り方の例

あなたならもっとできるはずだから、
あえて厳しいことを言わせてもらうと…

「成長したい」「自分を高めたい」という意識が強い相手には、伸びしろを期待する言葉が有効

こうして注意しなくてはいけないことが
残念なんだけど…

「相手をがっかりさせたくない」というような気遣いをする人にはこちらが残念に思う気持ちを伝える

CHECK! 上手に叱ることで、相手のやる気をアップさせられる

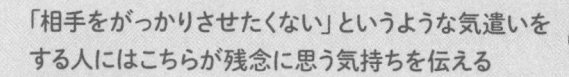

CHAPTER 12

「みんなのおかげだよ」

褒められたときにさらに好感度が上がる返事はこれ！

ACTION 褒める

周囲を褒める万能の言葉

仕事や日常生活の会話の中で、意外と難しいのが「褒められたときの返し」です。「大きなプロジェクトをまとめられたそうですね」と言われて、「そうなんですよ。私でなければできなかったでしょうね」などと自慢気に話してしまう人がいます。「もっと褒めてもらいたい」「そのときの苦労話を聞いてもらいたい」という感情もわからなくはありませんが、そこはグッと抑えましょう。**褒められたことに自慢で返しては、褒めたほうからすればあまりいい気持ちにはならないのです。**

だからといって、「いやいや、私なんてなんの力もありませんから。運よくまとまっただけです」と謙遜し過ぎるのも、卑屈になっているようであまりよい印象にとらえられません。

褒められたときに大切なのは、まず感謝の気持ちを伝えることです。「ありがとうございます。そう言っていただけてうれしいです」と言うだけで、相手も、「喜んでもらえてよかった」と思うことでしょう。そして、何より大事なのは、「うまくやってこられたのは、みんなのおかげです」と、一緒にやった人たちを褒めること。この言葉を聞いて嫌な気持ちになる人はいません。まさに、**褒められたときの返しにピッタリな万能ワードと言えます。**

具体的に「○○さんのおかげ」や、「支えてくれた家族のおかげ」というように、名前を出すのもいいでしょう。最後に、「私は本当に周りの人に恵まれていて」と、暗に目の前にいる人も含めて褒め返せば、その場にいる全員がいい気持ちになれます。

褒められたときにはこんな言葉を返す

やってはいけないのは、
「必要以上に手柄を誇る」ことと、最初から謙遜しすぎること

あの仕事は
全部自分が
やったんだよ

自分の手柄を誇る

私なんか
何の役にも立って
なかったんだけどね

必要以上に謙遜する

→ **どちらもNG** ←

より好感を持たれるのは

何でも自分が やったことにはしない	感謝を伝えたあとで、 適度に謙遜する

相手からの好感度が上がる万能な言葉

「みんなのおかげ」

皆さんのおかげで
無事やり遂げる
ことができました

皆さんに
助けてもらった
おかげです

→ 言われた関係者も悪い気はせずに、好感度も上がる

CHECK! **ほかの人のことであれば、いくら持ち上げてもかまわない**

CHAPTER 13

ACTION
褒める

「仕事がしやすい」

相手を褒めるときにとにかく使える定番フレーズ

≫若さや外見を褒めるのはＮＧ

最近は、ハラスメントにあたる言葉を使うのはよくないという風潮になりました。そのようなフレーズは、言われた相手に加え、そこにいる人全員の気分を害するので、当然のことと言えるでしょう。

　こんな風潮で**難しいのは「褒める」ための言葉です。**例えば、以前は「若くてかわいいね」や「イケメンだね」などというのは、定番の褒め言葉でした。しかし、今は、ルッキズムやセクシャルハラスメントという観点からも使用は憚られます。仕事上でも、「きれいな女性に担当してもらえてうれしい」や「さすが男前は違うね」などという言葉もＮＧです。

　このような状況で、**誰も不快にさせずに褒めるのは、ちょっとしたコツが必要になります。**

　まず前提として、一方的に褒めるのではなく、**「私はこう感じている」という視点で褒めることです。**そのためには、「元気があっていいね」や「努力家だね」といった、個人的な感想がいいでしょう。また、仕事を一緒にしている相手になら「仕事がしやすいよ」「尊敬できるな」といった具合に、**謙虚に主観を述べるのが理想的です。**

　このような言葉は、「どんな人が好き？」と聞かれたときの回答としても使えます。「年齢は○歳ぐらいで、芸能人の××さん似」などと言っても、聞いた人は「理想はわかるけどちょっと……」といった感想を持つことでしょう。それならば、「友達が多い人」や「なにかに夢中になっている人」というような、内面的な部分にフォーカスすれば、相手も納得しますし、不快に感じることもありません。

年齢や性別にとらわれない褒め方をする

見た目を褒めるのはNG

若くてかわいいね
イケメンだね

年齢や性別、容姿に関しての褒め言葉は、相手や周囲の人に不快感を与えることがあるので、避ける。

誰が言われても嫌味にならないフレーズを使う

元気があって
いいね
努力家だね
仕事がしやすいよ
尊敬できる

一方的に決めつけるのではなく、「私はこう感じる」と、謙虚に主観を述べるのがよい。

→ **このようなフレーズは、「どんな人が好き？」と聞かれたときの答えとしても応用できる**

CHECK! **セクハラ、ルッキズムにならないよう注意する**

CHAPTER 14

怒られたときに相手が納得する謝り方

「心配かけてごめんなさい」

ACTION
謝る

》ふたつのテクニックを組み合わせる

謝罪で一番大切なのは、最初に相手の怒りが収まるまで謝り続けることです。いくら原因や対策を説明したくとも、怒りが鎮まらなければ聞く耳を持ってもらえません。

「もうそろそろいいかな」と思って、話を進めようとしたときに、「本当に悪いと思っているの？」とダメ押しされるような状況だったら、相手がどのような謝罪を求めているかを考えるといいでしょう。

相手が「何がダメだったのかを謝って」などと事実についての謝罪を求めているようであれば、「遅れてしまってごめん」と、**事実にフォーカスして謝りましょう。**「このことについて謝罪をしている」というのが明確になれば、相手も納得してくれる可能性が高くなります。

一方、「何が『ごめん』なの？」というように、**あやまる対象を問い詰められた場合は、**「待たせている間、心配かけてごめん」や「ひとりで寂しい思いをさせてごめん」というように、**相手の気持ちにフォーカスして謝るのが得策です。**この場合は、相手が「こちらの気持ちをわかってくれている」と感じるまで、感情に寄り添いましょう。あくまでも、表面的ではなく、本当に悪いと思っているのが伝わるように話すことが重要です。

これらのふたつのアプローチですが、どちらか一方だけで納得してもらうことはあまりありません。事実への謝罪と気持ちへの謝罪、それらを組み合わせて、相手が「わかった、もういい」と言ってくれるまで、謝り続けることが大切です。

謝罪にはふたつのパターンがある

1. 事実についての謝罪

- 「遅刻しちゃってごめん」というように、事実にフォーカスして謝る
- ビジネスの現場であれば、「大変なミスをしてしまい申し訳ありません」「○○円もの損害を出してしまい、すみません」というように、事実を述べて謝罪する

2. 気持ちに対しての謝罪

- 「ひとりで待たせてしまい、心配かけてごめんなさい」というように、気持ちにフォーカスして謝る
- ビジネスの現場であれば、「さぞかし気をもまれたことでしょう」「関係者の方々にご心配をおかけしました」というように、感情に対して謝罪する

「本当に悪いと思っているの？」など、相手が納得しない場合は

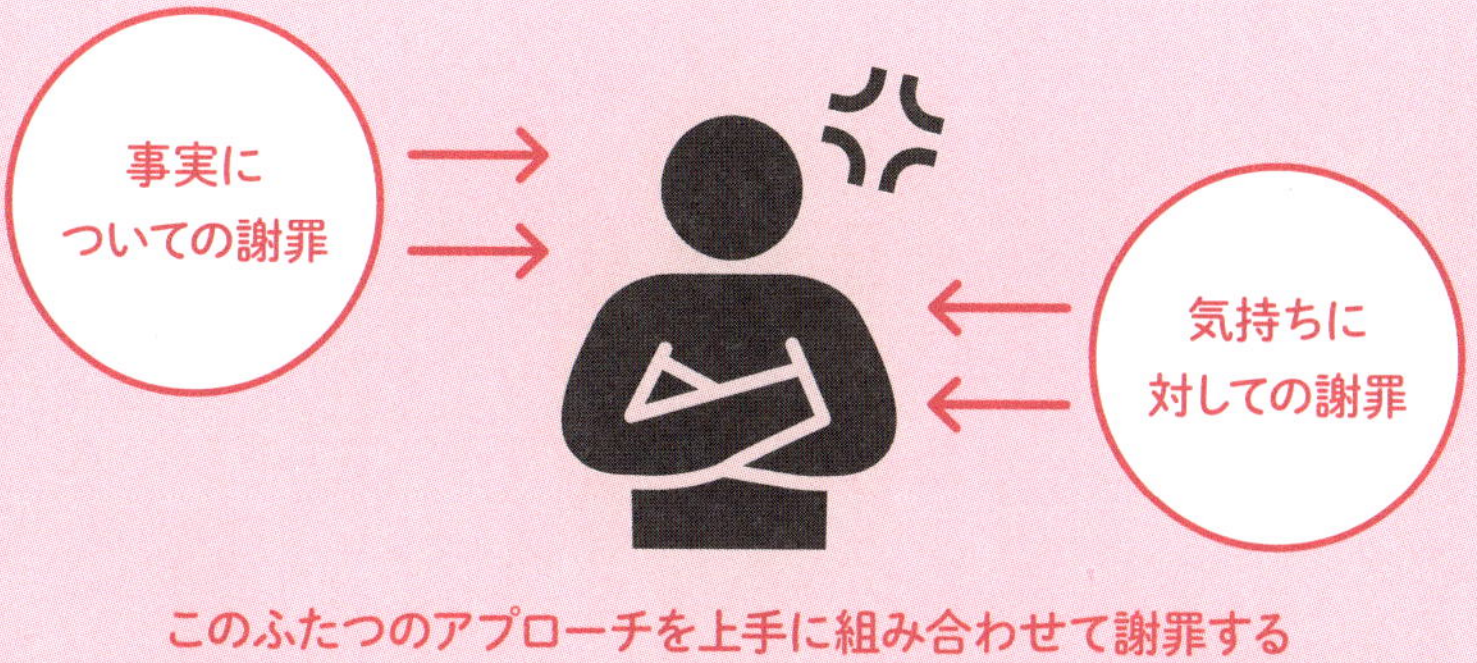

このふたつのアプローチを上手に組み合わせて謝罪する

CHAPTER 15

褒めるときは「結果」と「過程」の両面から！

「よくやってくれたおかげで今月トップだよ」

ACTION 褒める

》》「勝ち負け」と「過程」を意識する

組織やチームでの仕事を成功させるには、部下のやる気を引き出していくことが必要です。そのためには、何と言っても上手に褒めてあげることがポイントになります。しかし、ひとえに「褒めフレーズ」といっても、相手がどんなタイプの人かによって、使い分けなければなりません。

　まず意識したいのは、とにかく**「勝ち負け」にこだわる人です。そんな相手には、具体的な数字や結果を入れた言葉で褒めるのが重要。**「今月トップだよ」や、「3期連続でMVPだな！」というように、そのすごさを数値化して褒めましょう。それによって、褒められたほうは、勝利を実感し、モチベーションも上がります。なお、このタイプの人は、より多くの人から褒められることに喜びを感じます。そのため、「部長も褒めていたよ」というように、「みんなからの評価も高い」と伝えればなお効果的です。

　一方、勝ち負けよりも、**「過程」や「雰囲気」を重要視する人もいます。**そんな人には、「○○さんのおかげで、楽しくやれた」や「大変だったと思うけど頑張ったね」など、**より感情にフォーカスした褒め方をしましょう。**このタイプの人は、身の回りの人に褒められたいことが多いもの。「○○さんのおかげで職場が楽しくなっている」など、身近な人を引き合いに出すと喜ばれること間違いなしです。

　もちろん、どちらかのタイプに限らず、両方の側面を持っている人もいるので、それぞれのエッセンスを組み合わせて、上手に褒めるよう心がけましょう。

特性を押さえて上手に褒める

「勝ち」「負け」にこだわるタイプの人は

- 「褒められたこと自体」が誇らしいと感じる
- 数字やデータで勝利を実感することで、モチベーションが上がる
- 「過去最高の売上だね」など、具体的な量や数字を出して褒める
- 「みんなからの評価も高いよ」というように、ほかの人も認めているというニュアンスを入れる

「過程」を重要視するタイプの人は

- 「勝ち」「負け」にはあまりこだわらない
- 身近な人に喜んでもらえることが、モチベーションにつながる
- 「大変だったのに頑張ってくれた」「おかげで楽しかった」など、感情にフォーカスして褒める
- 褒める際は、「あなたのことをちゃんと見てますよ」という共感のニュアンスを込める

→ 相手のタイプを見極めて、「結果」と「過程」の褒め方をうまく取り入れる。両方のアプローチを組み合わせることも有効

CHAPTER 16

やる気を引き出すポジティブワードはこれ！

「あなたに頼んでよかった」

ACTION 褒める

》言葉で相手のモチベーションをアップ

いくつかの褒め言葉を紹介してきましたが、こちらの「よくやった」「これからも頑張ってほしい」という思いが相手に伝わらないのでは、せっかく褒めても意味がありません。**どうせ褒めるのであれば、しっかりと相手に伝わる言い方をしましょう。**

例えばあなたが部下や後輩に、資料の作成を頼んだとき、思っていた通りのものが出てきたならどのような声をかけるでしょうか。言ってしまいがちなのが、「うん、問題ないね」です。これは、言っている側からすれば、**「期待通りのものを作ってくれた」、つまり100点の評価なのですが、相手にはあまり伝わらない、行き違いとも言える言葉なのです。**

「問題ない」と言われると、「合格点には達してるがそれ以上のものはない」と感じてしまいがちです。これが原因でモチベーションが下がってしまうこともあるでしょう。もし、相手を褒めて、やる気を出させようと思うなら、もうひと工夫必要です。

このようなときには、「ありがとう、あなたに頼んでよかった」というような言葉が効果的です。同じ「パーフェクトにできている」という意味でも、そう言われると、うれしさも大きくなり、励みにもなるはずです。後輩や部下を指導する立場にあれば、相手のモチベーションがどうなるかまで推測した言葉をかけたいものです。

ほかにも、「よくできているね」「○○さんならではだね」などの言葉も効果があるでしょう。**褒め言葉ひとつにとっても、配慮と気配りをする、それが一段上を行く指導者となるための必須条件なのです。**

褒め言葉の行き違いに注意する

提出された資料を見て

褒めた側は、「問題ない」＝パーフェクトの意味で言っているが、相手には伝わっていない。

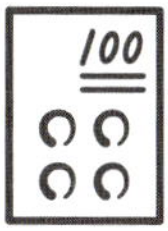

「問題ない」以上のポジティブな言葉をかけることで、相手を喜ばせ、やる気を引き出すことができる。

他にもこんなポジティブワードを使う

よくできてるね

短時間で
すごいね

○○さん
ならではだね

CHECK! **褒め言葉にも、気配りと工夫が必要**

COLUMN

言い方ひとつで印象が変わる！

便利な言い換え術 その❶

語彙力が身についてきたら、マイナスなイメージを持たれがちな言葉を、プラスになるように言い換えるようにしてみるのもいいでしょう。ここでは「性格」と「印象」の例をいくつか紹介していきます。

性格について

神経質 → **緻密ですね**

がさつ → **大胆ですね**

暗い → **もの静かですね**

おしゃべり → **弁が立ちますね**

優柔不断 → **思慮深いですね**

わがまま → **自分を持っていますね**

冷たい → **クールですね**

気が小さい → **慎重ですね**

周囲に流されやすい → **協調性がありますね**

落ち着きがない → **フットワークが軽いですね**

印象について

太っている → **恰幅がいいですね**

痩せている → **スリムですね**

老けている → **貫禄がありますね**

軽そう → **若々しいですね**

厚化粧・派手 → **個性的ですね**

地味 → **奥ゆかしいですね**

趣味がよくない → **独自の世界観がありますね**

おどおどしている → **周囲に気を遣われますね**

存在感がない → **周囲に溶け込むのがうまいですね**

華がない → **落ち着いていますね**

第2章

自分の伝えたいことが
しっかり伝わる語彙力

ACTION
頼む

CHAPTER 01

「○○の件でご相談があります」

物事を頼むときのコツは前置きなしの「シンプル＆ストレート」

≫ 遠回しな言い方はNG

会話の中で、相手への頼みごとというのはなかなか難しいものです。特に、目上の人へのお願いは、どうしても気後れしてしまうことでしょう。

しかし、突発的なことが起きてしまい、お願いをしなければならなくなったとき、すぐに相手のところに行って、「えーっとあの……想定外のトラブルが起こりまして、それで、大変困っているんですが……」などと、前置きを並べ立てたところで、相手には何をしてほしいのか全く伝わりません。

まず、**誰かに頼みごとをしなければならなくなったら、話をする前に「相手に何をしてほしいか」「話の要点は何か」といった点について、頭の中を整理することが重要です。**

要点が定まったら、伝えるコツはただひとつ。「シンプル＆ストレート」です。相手に「これをこうしてほしい」とはっきり言いましょう。変に気を使って、遠回しな言い方をするのもよくありません。ただし、最後に「もし難しければ相談してください」というような言葉をつけ加え、譲歩の余地を残しておくことも大切です。このように伝えられれば、相手からしても、判断がしやすく、「無理に押しつけられた」というような印象を持たずにすみます。

また、**もしいろんな言葉が浮かんできて、まとまらないようなときは、「英語だったらなんと言うか」と考えてみるのもひとつのコツです。**

英語ならば、長々とした前置きなどは考えないのでストレートな言葉が出てくるはず。これを日本語にして相手に伝えればいいのです。

頼みごとをするときの基本とテクニック

依頼する側の基本

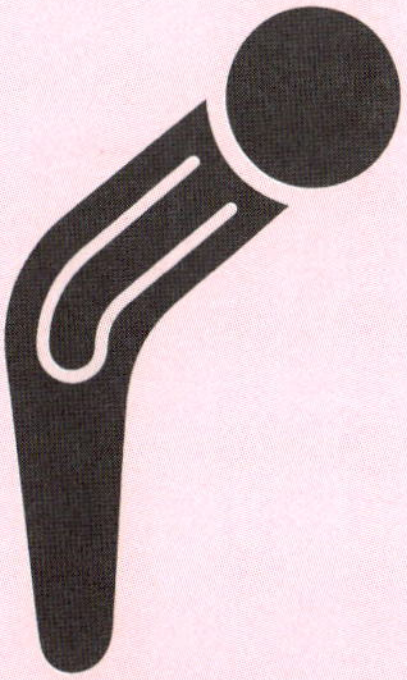

〇〇の件でご相談があります。
〇〇を××してください

- シンプル、かつストレートに言い切る
- 最終的な目的、具体的なやりかたを話す
- 締め切りと留意点を伝える
- 「難しければ相談してほしい」など、譲歩の余地を示す

依頼された側から見ると

- 何をすればいいかが明確なため、判断がしやすい
- 前置きなどで相手の感情を察する必要がなく、心理的負担が少ない
- 「無理に押しつけられた」という印象が薄くなる

などのメリットがある

依頼するときのテクニック「英語で考えてみる」

疲れた…足が痛い
…えっと…

希望を英語で考えると

I want to take a break

日本語に戻す

お願い。
休憩しましょう

CHECK! 要件をシンプルにすると、話を聞いてもらえやすい

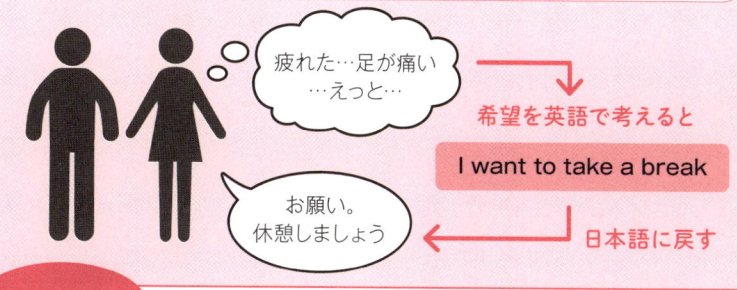

CHAPTER 02

ACTION 説得

相手が納得しやすくなるフレーズ

「データによると」

≫話に信憑性を持たせる「エビデンス」

会社の会議やプレゼンテーションで、相手を納得させたいとき、何よりも説得力を持つのがエビデンスです。エビデンスとは「話を構築していく上での根拠」のこと。単に自分の好みや、想定だけで話しているのではないという「客観的な視点」を盛り込むと、話に信憑性を持たせることができます。

話の流れとしては、まず結論を提示した上で、「なぜなら、○○というデータがあるからです」と、示していくのが効果的なやり方。こうすることで、自分勝手な意見ではなく、理知的で客観的な主張であることが伝わります。

エビデンスには、公式に認められた研究結果や、メディアなどが発表したデータなどが挙げられます。そこには、ある種の「権威」があるからです。また、近年では、ネットによる「口コミ」なども、根拠になるでしょう。多くの人の声が集まる場所では、より「リアル」な情報を得ることができるからです。

人はタイプによって、客観的なデータやロジックを重要視する人と、現場や身近な人の声を重要視する人とに分かれます。相手がどのような根拠に信頼を寄せているのかを判断し、うまく使い分けていくのが大きなコツです。

なお、もし明確なエビデンスが示せない場合も、「こっちのほうが好きだから」というように、何かしらの理由は述べましょう。少なくとも、明確な理由を挙げないよりも、「論理的で正当な主張」というニュアンスが出るからです。

データと他の人の意見を上手に使う

データを使う

〇〇は××です。なぜかというと、
△△という研究データがあるからです

- ●まず結論を提示し、次にその根拠を説明する
- ●客観的な主張であり、自分勝手な意見ではないとの印象を与えられる
- ●自分の主張が受け入れられやすくなる

他の人の意見を取り入れる

有名な口コミサイトでの評価も高いから、
このお店がいいと思います

- ●「専門家が言っていた」「メディアが発表している」というような、権威のある意見を入れると、納得してもらいやすい
- ●「知人の〇〇さんもそう言っていた」「口コミでの評判がいい」という、リアルな声も説得力が増す

明確なデータがない場合は

どうしてこれがいいの？

ピンと来たからです

- ●明確な理由がない場合でも、「私の好みだから」というように、何かしらの理由を示すだけで「論理的で正当な主張」に聞こえる

CHAPTER 03

仕事の指示での行き違いを防ぐ

「○○日でお願いします」

ACTION 依頼

数字や図を使い明確に指示する

ある程度仕事に慣れた部下に指示をするとき、「その部分はおまかせで」と言う場合があります。言った側は、相手を信頼しているという意味合いを持たせられますし、言われた側も、それなりの権限を与えられたようで、悪い気はしないでしょう。

しかし、この**「おまかせ」は実はくせ者です。実際にできてきたものや、結果を見て、「違うな」と思ったらどうでしょう。また、期限についても、「本当は○○日でやってほしかったのに」と思っても、それが伝わっていなければ、予定通りに出来上がってはきません。**さらに、仕事が終わったあとにそれを指摘すれば、相手は「おまかせって言ったのに……」と不満を感じてしまいます。

このように、ビジネスの場では「おまかせ」はNGフレーズです。たとえば、**予算や経費削減案であれば、数字を使って「80%の経費削減になるように」などと指示しましょう。期限についても「○○日までにお願いします」と明確にします。数字は、誰が見ても同じ意味を持ち、意見の行き違いになりません。**また、図やグラフなどを使って、イメージを共有することも必要です。できる限りの方法でやってほしいことの詳細を伝えるよう意識しましょう。

もし、時間的な理由や、相手を十分信頼していることなどから、「おまかせ」を使うのであれば、どの部分までがおまかせなのかを明確にしましょう。「ここからここまでは、君の判断で進めていい」などと説明し、あとからそのことに関しては文句は言わないことが条件です。

「おまかせ」の範囲を明確にする

「おまかせで」は危険な言葉

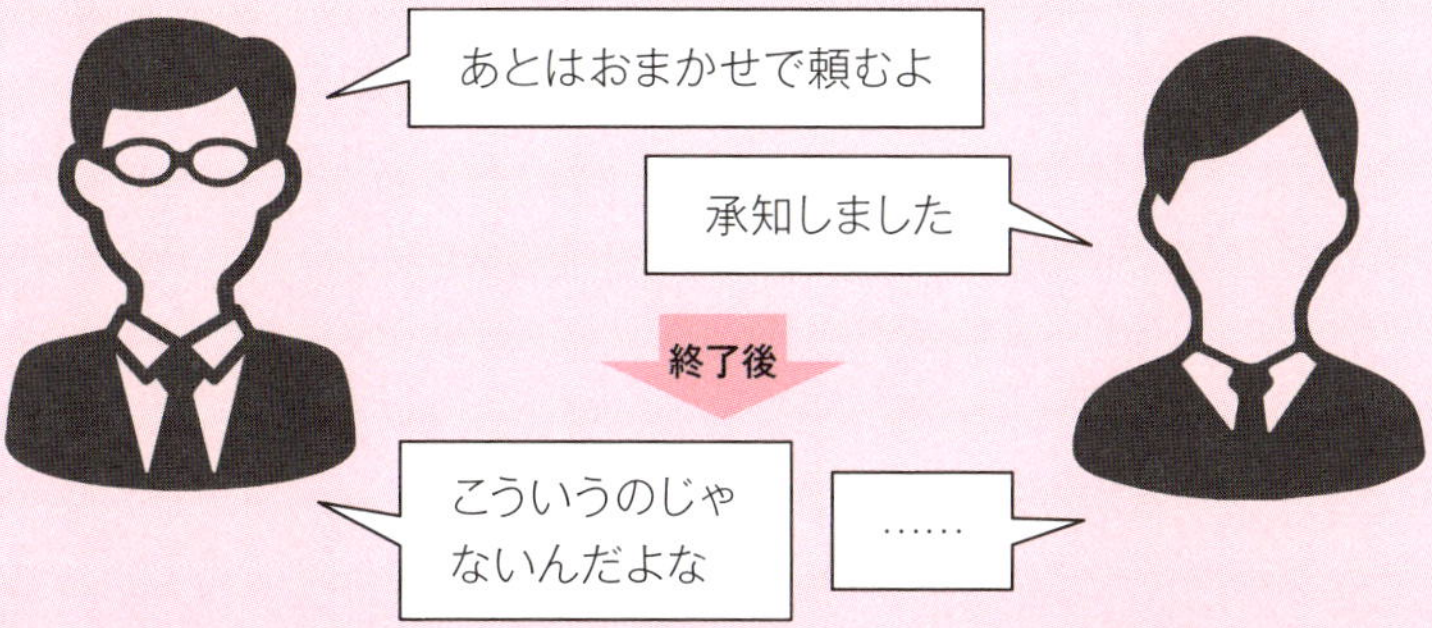
あとはおまかせで頼むよ
承知しました
終了後
こういうのじゃ
ないんだよな
……

→ **目的や範囲、期限を明確にしない「おまかせ」はトラブルになりやすい**

行き違いを無くすためには「数字」を使う

○○日の間で完了するようにしてください

- 数字を使うと、誤解の余地がなく、話がブレない
- 誰にとっても同じ意味を持つ
- 冷静でロジカルな印象を与える
- 結果として行き違いがなくなる

まかせる場合は、その範囲を明確にする

相手にまかせない部分
相手に
まかせる部分
この部分はまかせる
了解です

CHAPTER 04

「進捗いかがですか?」「ご連絡お待ちしています」

なかなか対応してくれない相手の心が動く〝催促フレーズ〟

ACTION 依頼

》》同じことを何度も続ける

コミュニケーションの基本は、心を込めて会話をすること。それは原則として間違ってはいません。対面であれ電話であれ、こちらが精一杯の気持ちを伝えれば、それは相手に伝わり要望どおりの行動をしてくれるでしょう。

しかし、**ときには感情を殺し、心を無にして対応したほうがよい場合があります。それは、なかなかこちらの要望に耳を傾けてくれないような相手に対しての催促などです。**

提出してもらわなければならない契約書をいつまでたっても出してくれない、といった場合は、「進捗いかがですか?」「状況のご連絡お待ちしています」と、**機械のように催促しましょう。毎日同じ時間に電話する、同じ間隔をおいて電話するなども効果的です。**

こうすることで、相手はその都度、「まだやってなかった」と思い出し、やらなくてはと焦ってきます。また、機械的な対応なので、「交渉の余地はない」とあきらめることでしょう。

この手法は、貸したものを返してくれない、言いにくいけれど立場上言わなければならない、などのときにも応用できます。もし嫌なことを言い返されたとしても、「自分は役割を果たすだけのロボットなのだ」と思っていれば、傷つくこともありません。

「あまり言い過ぎると、気を悪くするのでは」などと考える必要はありません。どうにもならなくなったときは、上司やその上の責任者に報告し、対応を委ねればいいのです。

機械的な対応で心の疲弊を防ぐ

心が疲弊するやりとり

進捗いかがですか?	●提出物の催促
この前貸したものを返してほしいのですが	●返却の依頼
届いたものが破損していました	●商品へのクレーム

「なぜ動いてくれないのか」「こちらの誠意が足りないのか」と考えてしまう

↓

前向きな回答がもらえない場合、ストレスを感じる

↓

心が疲弊し、より交渉をしにくくなる

心を込めずに、機械的に対応する

契約書ヲ、明日マデニテイシュツシテクダサイ

- ●自分をロボットだと思い、無感情に催促する
- ●定期的な間隔を空けてリマインドする
- ●嫌な対応をされても、心を無にして気にしない
- ●言いにくいコミュニケーション全般に使う

→ 最終的に対応されなかった場合は、上司や上位者に依頼する

CHECK! **同じ言葉を繰り返し伝えれば、相手の心が動く**

CHAPTER 05

「このやり方でどうでしょう?」

指示待ち人間にならずに評価を上げるモノの言い方

ACTION 報告

>>> 自分で考えて方法を提案する

ビジネスの世界では、**自分からは動こうとせず、細かなことまで指示されないとやらない「指示待ち人間」がいます。**仕事を頼まれても、「何からやればいいですか?」「どうやってやればいいですか?」と、こと細かに聞いてきて、言われたことしかやらない人です。上司からすれば「そのぐらい自分で判断しろ」と言いたくなるに違いありません。

もちろん、会社員であれば上司の指示に従って動くのは当然です。しかし、あまりに自分から動かない人は、評価はされないでしょう。

そんなときに有効なのは、「このやり方でよろしいでしょうか?」というように、**自分で案を出して、上司に確認しながら仕事をこなしていくやり方です。**これであれば、こちら側のやる気も示せますし、間違いも少なくなります。上司側としても、「この部分はこっちのやり方にしてくれ」と、追加の指示が出しやすくなるでしょう。そしてなにより、こうすることによって、「考えながら仕事をする」という習慣を身につけることができます。

やり方を提案して承認を得たら、仕事の過程で状況を細かく報告しましょう。「○○については、予定通り進めています」「××は、先方からの回答待ちです」という具合。そうしておけば、何かあったときに、「俺は聞いてない」などと言われることもなく、責任を回避することができます。

また、体調不良などの不意なアクシデントがあった場合に、スムーズに他の人に引き継ぐことができるという利点もあります。

こまめな報告と提案が重要

よくない仕事のやり方

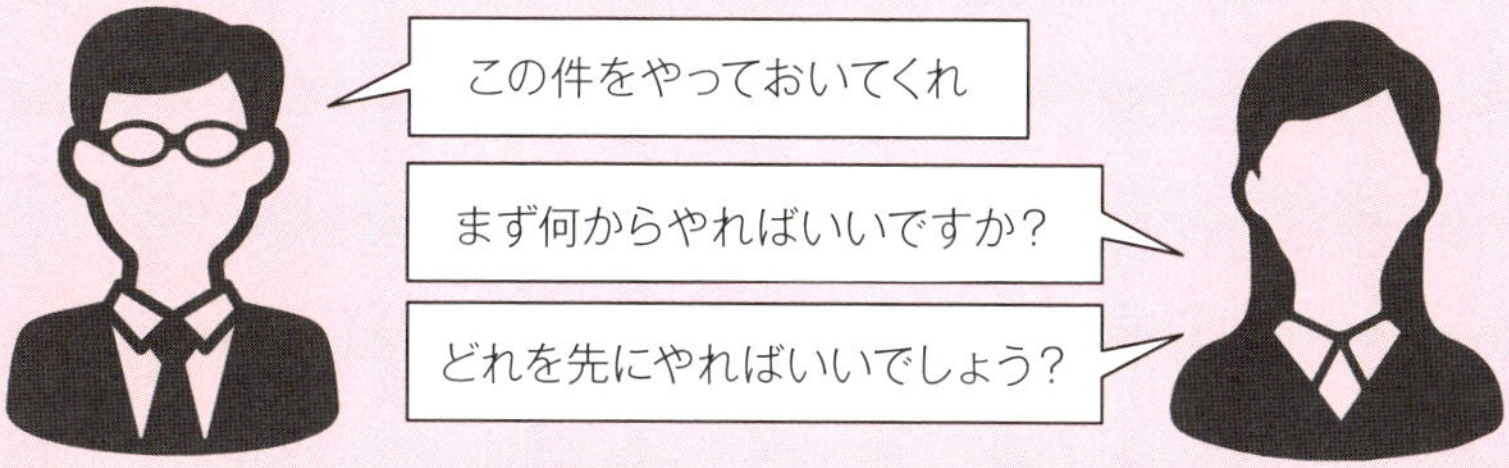
この件をやっておいてくれ
まず何からやればいいですか?
どれを先にやればいいでしょう?

指示を待ち、逐一確認をすると、「それくらい自分で判断しろ」と言われてしまう。

→ 一方、報告をせずに独断で進めるのもNG

よい仕事のやり方

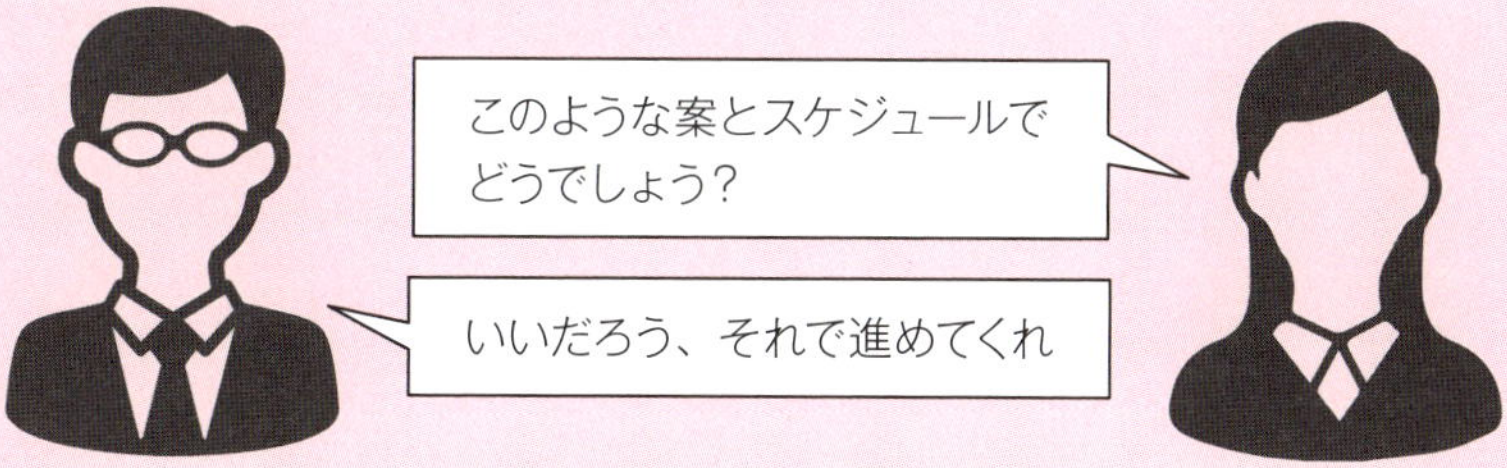
このような案とスケジュールで
どうでしょう?
いいだろう、それで進めてくれ

自分の頭で考えて、案を提示して了解を得る。

→ やる気を示すことができるとともに、間違いも減り、評価も上がる

こまめに報告することの重要性

- 上司と共有することで、トラブルがあったときの責任を回避できる
- 体調不良などで休んでも、仕事を進めてもらえる

CHAPTER 06

返すのが面倒なメールが来たときの正しい返信術

「整理した上であらためてご連絡します」

ACTION 報告

>>> まずは状況報告だけでも返信する

仕事をしていく上で、「早く連絡をする」というのは重要です。口頭でも電話でも、こまめに早く連絡を入れる人は周囲から信頼されます。

その中でもついつい後回しにしてしまいがちなのが、メールの返信。「あとでまとめて処理しよう」「タイミングを見て回答しよう」などと考えていると、ついつい返事も遅れてしまいがちです。これは相手の信頼を損ねかねないやり方です。というのも、**メールを返さないというのは、連絡を無視したのと同じように思われるからです。**

「そうは言っても、結論が出ないのに報告できない」という方もいるでしょう。そんな場合は、「整理した上であらためてご連絡します」「上長に確認します」という、**現状報告だけでも構いません。**これを一旦返信しておくことで、相手はきちんと連絡が届いていることに安心し、追加でいろいろ連絡できるという余裕を持つことができます。なお、このとき**「鋭意努力中です」というような、曖昧な回答は相手を不安にさせるので避けるべきです。**

また、お断りの連絡や作業がうまく進んでいない場合の報告など、あまり返したくないメールなときほど、早く返すようにしましょう。

返事を遅くすると、メールを返すまでの間に、より状況が悪くなる可能性もあります。また、断りの返信であれば、遅れた分だけ相手のダメージも大きくなり、今後の取引に悪影響を及ぼすことも考えられます。とにかく「返信の難しいメールだな」と感じたら、早く返すことを心がけましょう。

メールは上手に使いこなす

「メールは素早く、まめに返す」のが基本

即答が難しい場合も

- 整理した上であらためてご連絡します
- ○日までに回答します
- 上長に確認します

といった現状報告をする

→ ただし、「鋭意努力中です」という曖昧なものはNG

こまめにメールをやり取りする効果

- きちんと届いたことによる安心感
- 追加でいろいろ連絡できるという余裕
- コミュニケーションをとっている充足感

→ メールを返さないのは、無視したのと同じ

返したくないメールが来たときほど素早く返す

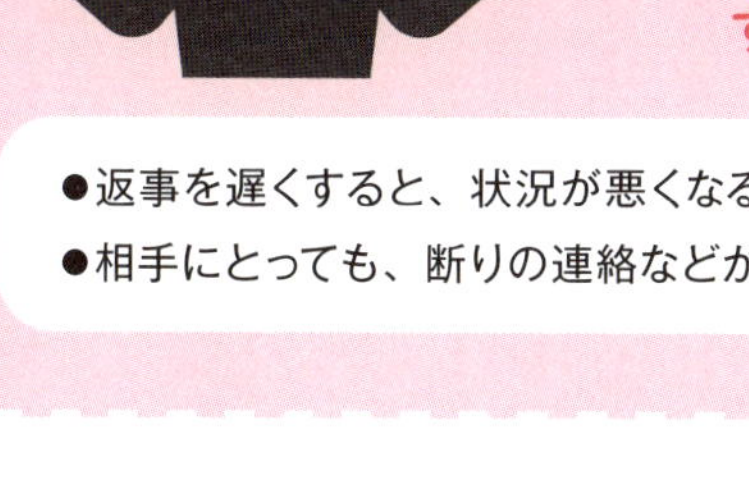

- 納期の遅れはどうなってますか？
- トラブル報告してください
- 値引きの交渉をお願いします　など

→ 通常のメール以上に早くレスポンスすることを心がける

- 返事を遅くすると、状況が悪くなる可能性が高い
- 相手にとっても、断りの連絡などが遅いと、ダメージが大きくなる

CHAPTER 07

部下が勝手にやる気になる魔法のフレーズ

「この部分がいいですね」

ACTION 褒める

≫まずは褒めてから修正点を指摘する

部下が頼んでいたプレゼン資料を作って持ってきたとしましょう。概ねうまくまとまっていますが、一部修正したほうがいい部分があります。このような場合、あなたはどのように指導するでしょうか？

ここで使いたいテクニックが「ポジティブチェック」と「ネガティブチェック」です。

「ポジティブチェック」は、いいところを中心に確認すること。フレーズとしては、「この部分がいいですね」「ここはわかりやすい」など、相手を評価する言葉になります。

一方**「ネガティブチェック」は、よくなかったところをチェックするやり方。**「ここに図を入れて」「この書き込みが甘い」といった、相手を注意する言葉になります。

どちらのほうが部下のやる気を引き出すかといえば、当然ポジティブチェックです。人は褒められればやる気もアップします。**部下のモチベーションを上げるのであれば、ポジティブな言葉を使うよう心がけましょう。**

それでは、**直してほしい点があった場合はどうすればいいでしょう。まず大事なのは「ありがとう」と感謝の言葉を伝えること。そのあとで、「早かったしよくできているね」と褒め、それに続けて、「ここにデータが入っているともっとよくなるかな」というように、具体的な指摘をします。**最初に褒められたことで指摘も受け入れやすくなっているため、より出来栄えのいい資料を作ろうと、やる気がさらに引き出されていくのです。

「ポジティブチェック」で、やる気アップ

ポジティブチェック

- うまく説明ができている、表現が工夫されているなど、成果の「いい面」を見つける
- 「この部分がいいですね」など、ポジティブな言葉をかける

ネガティブチェック

- 内容の間違いや、漏れている情報など、マイナスな面を見つける
- 「ここを直して」など、ネガティブな言葉を言う。間違いがなくても「問題ないね」にとどまる

部下のやる気を引き出す

部下のモチベーションを下げる

ポジティブチェックで、修正点を指摘するには

ありがとう。資料よくできているね。
1ページ目のグラフをもうちょっと細かくすると、
よりよくなると思うよ

- まず感謝の気持ちを述べ、よい点を褒める
- 「こうするとよりよくなる」「ここだけ直しておいて」と修正点を付け加える

CHECK! 「ダメ出し」ではなく、いい部分を見つけて褒める

CHAPTER 08

「できる!」と思われるスピーチ・プレゼン法

「ポイントは3つあります」

ACTION 話す

>>> プレゼンでのテクニックを身につける

大勢の前でのスピーチやプレゼンテーションが苦手な人も多いことでしょう。しかし、いくつかのコツをつかめば、それほど難しいものではありません。

まず**最初に気をつけたいのは、そこにいる全員に向かって話そうとせず、誰かひとりに向かって話すということ。**知っている人が客席にいれば、その人に向かって話せばいいし、いなければ、最前列の真ん中にいる人に向かって語りかけてもいいでしょう。そうすることによって、緊張もほぐれますし、語りかけるように話すことができます。

次に、内容についてですが、**うまくカテゴリー分けして話すようにしましょう。具体的には、「こちらをA案、そちらをB案とします」というように、聞いてる人が頭の中で区分しやすいように話します。**これにより、聞いている人は、「自分の考えはどちらに近いか」と考えを整理することができます。

最後は、**ポイントを絞って話すこと。「今日お伝えしたい点は3つあります」というように前置きをして話せば、参加者も心構えができます**し、「どこまで続くのだろう」というような心配をせず、安心して話を聞くことができます。もし、話している途中で、もうひとつ内容が増えたなら、「さらに付け加えるならば」と言って、追加すればいいのです。

このようなテクニックを身につけ、それらをうまく組み合わせて話せるようになれば、大勢の前で話すことも怖くはなくなるはずです。もちろん、聞いている人や関係者からは、「この人はできる」という評価をされることでしょう。

人前で話すときの3つのポイント

スピーチやプレゼンテーションで意識すること

1. ひとりの人に向かって話す

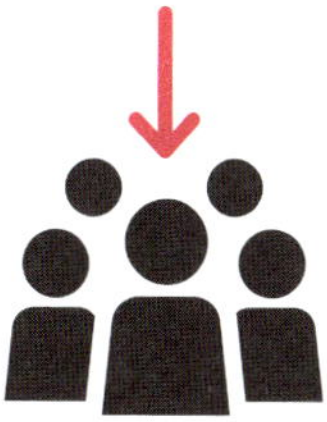

- 会場の中で、誰かひとりターゲットを決め、その人に向かって話す
- ひとりに向かって話すことにより、声のトーンが安定し、視線も定まる
- 顔見知りの人に、サクラとして視界の先にいてもらうのもひとつの手

2. カテゴリー分けして話す

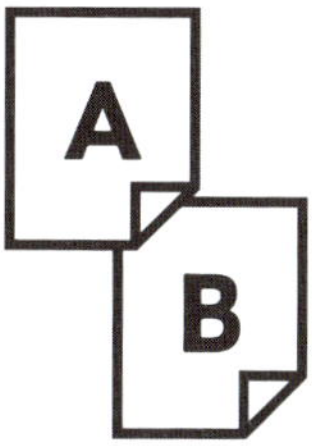

- 「こちらをA案、こちらをB案とします」「賛成派の皆さんの意見は○○、反対派の皆さんの意見は××となります」というように、話をシンプルに整理する
- 聞いている人は、「自分の考えはどちらに近いか」というように、意見を集約することができる
- あまり単純化しすぎないように注意する

3.「3つあります」など、ポイントを絞って話す

- 「ポイントは3つあります」「覚えて帰っていただきたいのは、次のふたつです」というように、先にポイントを絞って説明する
- 聞いている人は、「どれほどの話を聞かなければならないのか」というストレスがなくなる
- 結果として、最後まで話を聞くようになる

CHAPTER 09

「絶対これでうまくいきます！」

会議で評価が爆上がりする最強の語彙&話し方

ACTION 話す

>>> 少しうぬぼれるくらいで丁度いい

今後の方針などについて、参加者からさまざまな意見が飛び交う会議の場。その中で自分の意見を通すのはなかなか難しいものです。そのような場合、**相手を納得させるための一番のポイントは、自信を持って話すことです。**

人によって、自信を持っている人、なかなか自信を持てない人がいると思いますが、意見を述べるときには、**少しうぬぼれているぐらいに過剰な自信を持つことが大切です。**

具体的な言葉としては、「絶対これでうまくいきます！」というように、はっきりと言い切ります。そして、「なぜなら～」と、根拠と理由を話します。胸を張って、「自信家の自分を演じている」ぐらいの気持ちで話しましょう。

もちろん、こちらの意見が伝わったなら、ほかの人の意見も注意深く聞きます。他人の意見を無視するのはNG。あくまでも「対話する」という意識で会議に向き合うことが大切です。

もし、**どうしても発言に自信を持ちきれない場合は、「うちの部としては○○案を推します」というように、主語を「We」にして、「自分ひとりではなく、仲間の代表としてこの意見を述べてます」という姿勢で臨むといいでしょう。**

そして、**何よりも大切なのは、大きな声ではっきりと話すこと。**大事なところは、抑揚をつけて強調するようにしましょう。こうすると、聞いている人からは、「わかりやすい」「説得力がある」と受け取られ、評価が上がっていくことになります。

会議での発言は自信を持って大きな声で

会議の場では大きな声で話す

- 「全体に聞こえるように話す」のが原則
- 大きな声で、ゆっくりと話し、語尾をハッキリさせる
- 大事なところを強調して、抑揚をつける

→ **相手に聞こえなければ、黙っているのと同じ**

自信を持って話す

絶対これでうまくいきます！なぜなら…

- 自分を少し過大評価するぐらいがちょうどよい
- 自分の意見が正しいと信じて、積極的に発言する
- 多少自信がなくても、「自信を持って話しているように見せる」ことを意識する
- 他人の意見を無視するのはNG。「対話」しようとする姿勢で臨む

あまり自信のないタイプの人は

- 求められなければ意見を言わないのではなく、勇気を出して発言する
- 個人の意見を言い切ることが難しければ、「うちの部としては○○を推します」など、「We」を主語にして話す
- もし不安があれば、「検討の余地はあると思いますが」と話したうえで、最後は「頑張ります」など、ポジティブに締めくくる

CHECK! **会議での発言のポイントは「勇気」と「自信」**

CHAPTER 10

「なるほど、では○○はどうでしょう」

相手が嫌な気持ちにならずに納得できる反論の方法

ACTION 反論する

》いったん相手の意見を受け入れる

反論するときについやりがちなのが、「いや」「でも」といった、逆説の言葉で話し始めてしまうことです。

たとえば、企画会議で他の人が「こういうのはどうかな?」とアイデアを提案したとします。それに対して、「いや、それは現実的に無理でしょ」とか「でも、それだと先方が納得しないよ」といったように、**いきなり否定から入ってしまうと、たとえその指摘が正しかったとしても、相手としては「頭ごなしに否定された」と感じて、いい気はしません。**下手をすると、否定されたことに腹を立てて、「そんなことはない!」と意固地になり、あなたの意見にまったく耳を貸さなくなる可能性すらあります。

そうならないためには、**どんな内容であれ、いったん相手の意見を受け入れる姿勢が大切です。**その手法として有効なのが、「Yes but」話法と「Yes and」話法です。これは、**最初に「たしかにそうですね」「いいアイデアですね」と相手の意見を受け入れた上で、「しかし、それだと……」（Yes but）と反論したり、「では、●●するのはどうかな?」（Yes and）と自分の主張を追加するというものです。**

相手としても、いったんは自分の意見を受け入れてもらえたことで悪い気はしませんし、その分だけ心の余裕も生まれ、こちらの意見に耳を傾けてくれやすくなります。たとえ反論するときでも、否定ではなく肯定から入る。「いや」「でも」がログゼになっている人は、今日から心がけていきましょう。

「Yes but」話法と「Yes and」話法

いや、
そんなことは
ありませんよ！
でも、
それだと先方が
納得しませんよ
否定して
ばかりだな

相手の意見に対して、「いや」「でも」といった逆説の言葉で返すと、相手は嫌な気持ちになり、こちらの指摘を受け入れにくくなる。

相手の意見をいったん受け入れる姿勢が大事！

「Yes but」話法

たしかにそうですね。
しかし、それだと…

「たしかにそうですね」と相手の意見を受け入れた上で、「しかし」「ただ」など問題を指摘する。

「Yes and」話法

いいですね！
では、●●は
どうでしょう

相手の意見を受け入れた上で、「では」「さらに言うなら」と続けて、自分の意見を伝える。

CHAPTER 11

ACTION 注意する

「こうしてほしいんですよね」

「なるほど！」と改善する気になる、注意するときの語尾

》感情のまま叱るのはNG！

相手のミスを注意するときは、単に「もっとしっかりしろ！」と叱るのではなく、「ここにミスがあったから、こう改善して」と**冷静に指導するというのが現代のスタンダードです。**

怒りの感情のままに叱ったところで、相手を萎縮させるだけですし、場合によっては「キレやすい人だな」と疎ましく思われてしまうことにもなります。そもそも改善策を提示しなければ、根本的な解決にはつながらないのですから、たとえ一時的に改善したとしても、いずれまた同じミスが起きることになります。

怒鳴って叱れば言った本人はスッキリするかもしれませんが、「相手の行動を改善させる」という点においてはデメリットの方が大きいのです。

なお、**相手に行動を指示する際は、「～しろ」といった命令形ではなく、「～してほしいんですよね」といった形で伝えるのが効果的です。** この言い方であれば、相手に向けての「お願い」になるため、「～しろ！」と命令口調で言われるよりも、こちらの指示を受け入れやすくなります。

また、「～してみようか」「～やってみよう」といった伝え方をするのも有効です。 これは「We話法」（30ページ）の応用で、「命じる側と命じられる側」ではなく、「一緒にがんばる仲間」といったニュアンスが含まれるため、相手としてもモチベーションが高まります。注意や指示をするときは、「どう伝えれば相手が気持ちよく動いてくれるのか」を意識することが大事です。

注意するときは語尾に気を付ける

悪い例　命令口調で指摘する

ここ間違ってるから
次からちゃんと確認して

「～して」のような命令口調だと言われた側から反感を持たれてしまいやすい。

よい例　「～してほしい」とお願い口調で指摘する

ここ間違ってるから
次からちゃんと確認してほしいんです

「～してほしい」という言い方であれば、命令ではなくお願いになるためこちらの指摘を素直に聞いてもらいやすい。

「叱る」ときは「改善案」もセットで示すのが基本！

次は一緒に確認しながら
やってみようか

「～しろ！」ではなく「～してみよう」「～やってみよう」のように伝えると、相手はモチベーションが上がりやすい。

**「叱る」目的は「相手の態度や行動を改めさせること」
怒鳴って威圧しても効果は持続しない！**

CHAPTER 12

「すみません、遅れました」

遅刻したときに最も怒られない最強の謝り方

ACTION 謝る

》まず謝罪してから理由を添える

社会人にとって絶対に避けたいのが遅刻です。友人同士であれば、たとえ遅刻しても「ごめん、ごめん」で済むかもしれませんが、得意先との商談や恋人との初デートといった大切な約束に遅刻したとなると、そのダメージは計り知れないものがあります。

では、もし遅刻してしまったときは、どのように謝るのが正解なのでしょうか？　**ポイントは「真っ先に自分の非を認めて謝ること」、そして「ダラダラと言い訳をしないこと」の2点です。**

特に遅れて到着した早々に「いやー、電車が止まってしまいまして」と言い訳から入るのは最悪で、相手からすると「まず遅れたことを詫びろよ」という気持ちになるだけです。たとえ電車が止まったのが事実だとしても、遅刻したことには変わりはありません。**まずはそのことについて「申し訳ありません」と詫びるのが筋で、理由を説明するのはそのあと。これが謝罪の基本です。**

ちなみに、ミスをして怒られたときに相手から「なんでこんなことをしたんだ！」と問い詰められることがありますが、**これを真に受けて「理由としては、まずひとつが〜」などと答えてはいけません。相手が納得するようなよほどの理由があるなら別ですが、大抵は「言い訳するな！」と余計に怒らせてしまうだけ。この場合は、ひたすら「すみません」と謝罪するのが鉄則です。**

どんなに言い訳を並べても、相手には「自分の非を認めようとしていない」という印象を与えるだけで、決してプラスにはならないのです。

「言い訳」ではなく「謝罪」から入るのが鉄則

✕ 悪い例　謝らずに長々と言い訳をする

いやー、電車が止まってしまって
タクシーを拾おうと思ったんですけど
全然つかまらなくて

たとえ電車が止まったのが事実だとしても、長々と言い訳をするのは逆効果。相手からすると「いや、まず遅れたことを詫びろよ」という気持ちになるだけ。

○ よい例　まず謝ってから理由を述べる

遅れてしまい申し訳ありません
実は電車が止まってしまいまして

どんな理由があるにせよ、まずは「遅れた」という事実に対して謝罪する。その上で遅れた理由について説明するというのが、謝罪するときの基本といえる。

なんでこんなことをしたんだ！
えーと、理由はいくつかありまして…

「なんでこんなことをしたんだ」と言われても、真に受けて「理由としては、まずひとつが～」などと答えてはいけない。こういう場合は、ひたすら「すみません」と謝罪するのが鉄則。

CHAPTER 13

ACTION
謝る

「申し訳ありません」

ミスや問題を起こしたときの最善策は結局コレ！

＞＞＞「謝罪」「経緯」「改善策」の順に話す

仕事上のトラブルやミスなど、なんらかの問題を起こしたときは「謝罪」「経緯」「改善策」の3ステップで謝るのが基本です。

最初は「謝罪」です。まずは問題を起こしてしまった非を認めて、誠心誠意謝罪します。前ページの遅刻の項目（70ページ）でも触れましたが、いきなり経緯を説明しても、「言い訳するな！」と相手の怒りに火を注ぐだけです。また、そもそも怒っている相手は、冷静にこちらの言い分を聞いてくれません。まずは相手の怒りが収まるまで、ひたすら「申し訳ありません」と謝罪しましょう。

その結果、**ある程度怒りが収まって相手が落ち着いてきたら、ようやく問題が発生してしまった「経緯」を説明します。**ただし、ここであれこれと言い訳めいたことを述べると、「本当に反省しているのか！」と相手の怒りが再燃してしまうことにもなりかねません。**あくまで「なぜこういう事態になったのか」の理由のみを説明するようにします。**

そして**最後に今後の「改善策」について述べます。相手の信頼を取り戻すには、ここでどれだけ相手が納得できるものを示せるかが大事で、ミスや問題が発生した原因に対しての具体的な改善策を提示するのが理想です。**もし具体的な改善策を示すことが難しい場合は「今後は2度とこのようなことがないよう気をつけます」とひたすら深い反省の意志を見せます。やや苦しいですが、「改善策はないです」とは言えない以上、これでどうにか相手に納得してもらうしかありません。

謝罪の3ステップ

STEP1：謝罪する

この度は弊社のミスで
ご迷惑をおかけし
大変申し訳ありません

いきなり経緯を説明しようとしても、怒っている相手は聞く耳を持たない。まずは相手の怒りが治まるまでひたすら謝罪する。

STEP2：経緯の説明

今回のミスは担当者の
勘違いによって
発生したものでして…

ある程度、相手が落ち着いてきたら、問題が起こった経緯を説明する。言い訳をせず、事実のみを述べる。

STEP3：今後の改善策

今後は管理体制を
見直し、複数で
チェックするように
改善いたします

最後に今後の改善策について述べる。謝るだけではなく、ここでどれだけ相手が納得できるものを示せるかが大事。

トラブルやミスで相手を怒らせた場合は、
「謝罪」→「経緯の説明」→「今後の改善策」の
3ステップで謝るのが有効

CHAPTER 14

悪くなくても謝らないといけないときのフレーズ

「こちらもきちんと確認すべきでした」

ACTION
謝る

》》》相手を一方的に責めないのが関係維持のコツ

寝坊しての遅刻や書類の作成ミスなど、仕事上で自分に非があった場合、相手に対して謝罪するのは当然のことです。では、**こちらに落ち度がなかった場合でも謝罪すべきでしょうか？**

例えば、相手の連絡ミスで大事な打ち合わせに参加できなかったとします。相手はきちんと日時の連絡をしており、こちらが一方的に打ち合わせをすっぽかしたと怒っていますが、そもそも自分はそんな連絡を受けていません。つまり、相手の勘違いなわけです。

この場合、当然「いや、連絡なんて受けていませんよ！」と言いたくもなります。しかし、今後のことを考えるとこれは得策とはいえません。こちらの指摘に対し、相手が自分のミスだったと素直に認めてくれればいいのですが、そうではない場合、「言った」「言わない」の水掛け論になり、関係がこじれてしまう恐れもあります。

そのため、**たとえ自分に非がなかったとしても、ここは「すみません」と一言謝っておくのが正解です。その上で、日程の連絡がもらえていなかったこと、こちらもきちんと日程を確認しておくべきだったことを伝えればいいのです。**

仕事上のトラブルで第一に考えるべきは、どちらが悪かったかではなく、「どう話せば得か」ということ。

たとえ相手に非があっても状況によっては謝罪する。仕事上の人間関係をうまく維持するには、これくらいの柔軟さも必要なのです。

相手に非があった場合はどう対処するのが得か?

今日の15時から打ち合わせをする約束でしたよね?
えっ!? わたしにはそんな連絡きていませんけど?
こちらは準備してお待ちしていたんですよ?
いや、だからそんな話聞いてません!

先方の連絡ミスの場合、つい反論したくなるが……

ほったらかして謝罪もなしかよ!

たとえ反論しても「言った」「言わない」の水掛け論になる可能性も……。関係性がこじれても得なことはない。

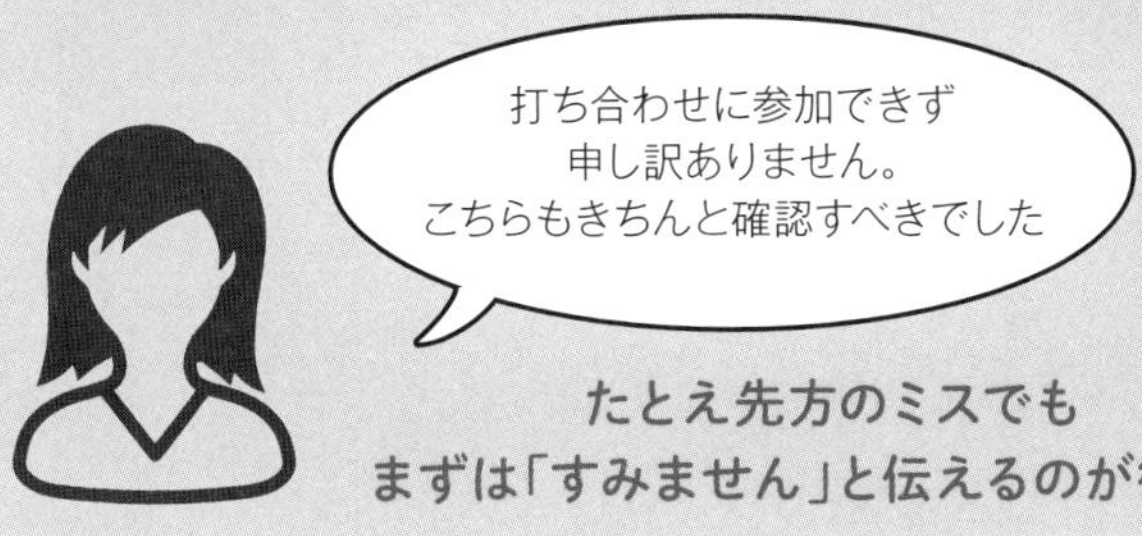
打ち合わせに参加できず申し訳ありません。
こちらもきちんと確認すべきでした

**たとえ先方のミスでも
まずは「すみません」と伝えるのが得策!**

仕事のトラブルでは「どちらが悪いか」ではなく、
「どう話せば得か」を一番に考えるべき!

CHAPTER 15

ACTION 注意する

相手の行動を改めさせたいときは まわりくどい言い方はＮＧ

「嫌なのでやめてください」

＞＞＞ストレートに「嫌だ」と言う方が伝わる

相手の行動を注意したいときは、「嫌なのでやめて」とストレートに伝えるのもときには効果的です。具体的な理由を言葉にできない場合でも、とりあえず「何か嫌」と言っておけば、少なくとも相手には「嫌がっている」ということは伝わります。

　そこまで親しくない相手に「嫌だ」というのは勇気がいるかもしれませんが、下手にまわりくどい言い方をするくらいなら、はっきりと「それは嫌だ」と言う人の方が結局は信頼されますし、こちらの意見も聞き入れてもらいやすくなります。

　逆に**絶対に使わない方がいいのが、「あなたのためを思って」という言葉です。**よく「あなたのためを思って言わせてもらうけど」のように説教の前フリとしてこの言葉を使う人がいますが、家族や親友などが言うのであればまだしも、たいして信頼関係のない人が言っても相手は「余計なお世話だよ！」と不快になるだけです。

　実際、そういう人たちは、本心では「自分が気に入らないから」「不快だから」「自分にとって都合がいいから」説教したいだけだったりします。しかし、それだとバツが悪いので、わざわざ「あなたのため」と前置きして、説教を正当化するというわけです。

　しかし、**こうしたウソは相手にも必ず伝わるため、結果的に嫌われることになります。**

　「あなたのため」という言葉には、どこか偽善的で押しつけがましいニュアンスがあるため、本当に相手のためを思ってのことだとしても、口に出さないのが賢明でしょう。

「あなたのため」ではなく「何か嫌だ」と伝える

説教の定番ワード

あなたのためを思って
言うんだけど

一見、親身になって言ってくれているように思える。
しかし、実際の本音は……

- 単に自分が気に入らない
- 自分が不快なので説教したい
- 改めさせた方が自分にとって都合がいい

「あなたのためを思って」は
こうした本音を隠すための方便に聞こえる！

「ウソに満ちた説教をするくらいなら、
「嫌だ」と素直に伝える方がよい」

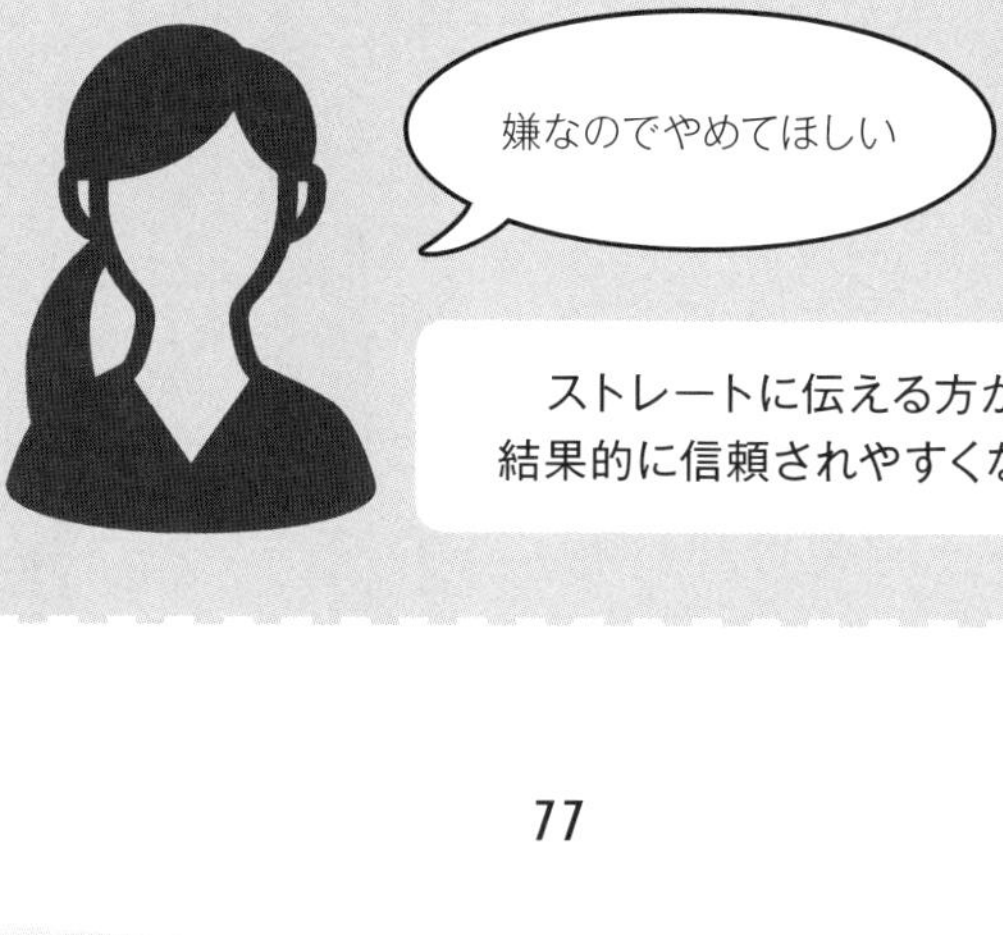
嫌なのでやめてほしい

ストレートに伝える方が
結果的に信頼されやすくなる

CHAPTER 16

「たしかにそうですね」

言い争いがたちまち収まる神フレーズはコレ！

ACTION
反論する

≫問題はひとつずつ順番に話し合う

他の人から注意やクレームをつけられたときに、カチンときて「そっちだって！」と応戦するというのは、ついやってしまいがちな行動のひとつです。

たとえば、パートナーから「いつも洗濯物脱ぎっぱなしなのやめてくれる？ 何度言えばわかるの!?」と注意された際に、「そっちだっていつも電気つけっぱなしじゃん！」と言い返すというのは、家族や恋人同士のケンカではよくある光景のひとつでしょう。

特に相手の言い方がキツイと、自分だけ責められるのは納得がいかない、相手にも悪いところがあるとつい反論したくなる気持ちはわかります。しかし、**相手からの指摘に「そっちだって」と返すと、互いにヒートアップして収拾がつかなくなります。**

これを避けるには、どんなにカチンときたとしても、まずはそれを**ぐっと抑えて「たしかに脱ぎっぱなしだった。次から気を付けるよ」と相手の指摘を受け入れることが大事です。**いくら相手にも悪い部分があると言っても、自分が脱ぎっぱなしにしたことは事実なのですから、そのことについては素直に認めて謝罪する。そうやって相手から指摘された問題についての話し合いが解決したら、ようやく自分の言い分を伝えてもOKです。

このように**話し合いはひとつずつ順番に解決していくのが鉄則で、途中で「そっちだって」と別の問題を持ち出すのはNGです。**相手の不備を指摘するのは、自分の非を認めたあと。これを心掛けるのが、大ゲンカにならないためのポイントです。

話し合いでの「そっちだって」はNG

いつも洗濯物
脱ぎっぱなしなのやめてくれる?
何度言えばわかるの!?
そっちだって
いつも電気つけっぱなしじゃん!
電気代払うのオレなんだけど!

相手からの指摘に「そっちだって」と返すと
互いにヒートアップしてケンカになる

対処法:相手の意見を受け入れてから、自分の意見を言う

たしかに脱ぎっぱなしだった
ごめん、
次から気を付けるよ
僕もひとついいかな?
前から気になってたんだけど…

最初に「たしかに」と相手の意見を素直に受け入れる
その上で自分の意見を伝えるとケンカになりにくい

CHAPTER 17

言い返しのテクニックで場が丸く収まる！

「ちょっと行き違いがあったみたいです」

ACTION
反論する

》問題を「認識のズレ」に着地させる

相手からクレームをつけられたときに覚えておくと便利なのが、「ちょっと行き違いがあったみたいです」というフレーズです。

たとえば、得意先から「ここのデザインの色味、変更してほしいと伝えましたよね？　指示通りの色になっていないんですけど！」とクレームが入ったとします。ここで「あれ、おかしいなあ」「あれ、そんな指示もらってましたっけ？」などと言うと、相手は指示を聞いていなかったかと思い、こちらへの信用度も低下してしまいます。

　そこで使えるのが、「ちょっと行き違いがあったみたいです」という一言です。こう伝えることで、決して指示を聞いていなかったわけではなく、あくまで先方の言う色味とこちらが捉えた色味についての**「認識のズレ」があったということにできます。**

　つまり、コミュニケーション不足によるミスということになり、どちらが悪いということではなく、お互いに今後は気をつけましょうといった着地点に誘導できるわけです。

　これは身に覚えのないクレームをつけられたときでも有効で、怒っている相手に対して売り言葉に買い言葉で反論しても、互いにヒートアップしてケンカになってしまうだけ。しかし、最初に「ちょっと行き違いがあるようです」と伝えれば、相手も少しは冷静になり、こちらの話を聞いてくれやすくなります。**あくまで原因は行き違いにあり、どちらが一方的に悪いわけではない。そうすることで、場も丸く収めやすくなるというわけです。**

相手のクレームを穏便に収める

指示通りの色になって
いないんですけど！
あれ、おかしいなあ
そんな指示もらって
ましたっけ？

相手のクレームに対し、「あれ、そんな指示もらってましたっけ？」
などと言うと、いい加減な人だと思われて信用度も低下してしまう。

対処法：双方にミスがあったという落としどころを提示する

ちょっと行き違いが
あったみたいです

「行き違いがあった」というフレーズを使うことで
どちらが悪いということでなはく、
双方に確認ミスがあったという着地点に誘導できる

COLUMN

言い方ひとつで印象が変わる！

便利な言い換え術 その❷

そのままだとマイナスな意味合いを持つ言葉も、言い方ひとつでポジティブな印象にすることができます。ここでは、「状態」と「出来事」に関連する言い換え例を紹介しましょう。

状態について

古い → **伝統的ですね**

寂れている → **趣がありますね**

ありがち → **王道ですね**

嫌い → **価値観が合わない**

面白味がない → **ソツがないですね**

理解不能 → **芸術的ですね**

未熟 → **伸びしろがありますね**

貧乏 → **お金に執着しない**

知名度が低い → **知る人ぞ知る**

美味しくない → **好きな人にはハマりそう**

狭い → **コンパクトにまとまっていますね**

趣味が悪い → **独自のセンスですね**

出来事について

失敗 → **成長の糧になる**

不合格 → **挑戦した証**

叱責 → **期待の裏返し**

離婚 → **幸せになるための選択**

失恋 → **新たな出会いのためのステップ**

ケガで入院 → **ゆっくり休むいい機会**

失業 → **より飛躍するためのステップ**

定年 → **新しいことを始めるチャンス**

第3章

シチュエーション別
人間関係が格段に
良くなる語彙力

CHAPTER 01

ACTION 聞く

悩みや愚痴を聞くときの好感度の上げ方

「困っちゃいますよね」「大変でしたね」

》》悩んでいる人の多くは共感を求めている

悩みや愚痴を聞くときは、相手に「共感する」意識を持つことが重要です。まれに「そんなのよくあることだよ」や「そんなことでいちいち落ち込んでたら身が持たないぞ！」などと話す人がいますが、悩みのある人に対して、いきなりこのような言葉をかけるのは、よい対応とはいえません。

声をかける側からすれば「気にすることない」という励ましのつもりでしょうが、聞かされた側からすると「それくらいで悩んでいるお前がおかしい」と否定されたような気持ちになり、「気持ちをわかってくれてない」とガッカリしてしまいます。

また、すぐに「〇〇すべき！」とアドバイスする人もいますが、これもNGな対応のひとつ。そもそも**悩んでいる人の多くは、明確な解決策を提示してほしいわけではありません。話を聞いてもらい、「わかるよ！」と共感してほしいのです。**

悩みや愚痴を聞くときには自分の意見はとりあえず置いておき、最初に「困っちゃいますよね」や「大変でしたね」といった、共感の言葉をかけるようにするといいでしょう。こうすれば相手は「この人は自分の気持ちをわかってくれている」と感じるようになり、あなたへの好感度もグッと高まります。その上で、もし相手から「どうすればいいかな？」と求められたら、初めて自分の意見を伝えましょう。ただし、この場合も上から目線にならないよう、「どうだろうね？」と一緒に考えるスタンスをとることが大事。**相手の気持ちに寄り添うことが、悩みや愚痴を聞くときの一番大切なポイントです。**

悩みや愚痴には共感を示すことで好感度がアップ

悪い例

「よくあること」で片づけたり、求められてもいないのにアドバイスするのはNG。

よい例

まずは相手の悩みや愚痴を黙って聞き、そのあとに共感を示すことでよい印象を得られる。

CHAPTER 02

「ひとつ質問してもいいですか」

相手の話の合間に使える高度な質問テクニック

ACTION 聞く

いわゆる「聞き上手」と呼ばれるためには、相手のペースで気持ちよく話させてあげることが大事です。もしどうしても聞きたいことがある場合は、「ひとつ質問してもいいですか」と断りを入れてから質問すると印象もよくなります。

また、**相手に気持ちよく話をしてもらうテクニックとして、相手の言葉をオウム返しする方法があります。**「まったく部長の無茶ブリには参るよね」「ホント、参っちゃいますよね」「あの人、いつも思いつきで話すんだよな」「確かに、思いつきで言ってるところありますね」といった感じで、相手の言葉を繰り返すわけです。すると、相手は**「相手は自分の話に関心がある」「否定されないので話しやすい」という印象をこちらに持つため、スムーズに相手の会話を引き出すことができます。**

≫すぐに質問をはさむのはＮＧ！

相手の話を聞いているときに、すぐに質問をはさむ人がいます。質問をたくさんすればそれだけ熱心に話を聞いているアピールになると思うかもしれませんが、質問は相手の話の腰を折ってしまうことにもつながるため多用は厳禁です。

例えば「最近、釣りをはじめたんだ」と相手が話し始めると、すぐに「海釣りですか川釣りですか？」と質問。「どっちも行くけど川が多いかな」というと、「どこの川ですか？」とさらに質問。「栃木県の大芦川とか……」と答えると、「おひとりで行かれるんですか？」とまたまた質問。これでは会話というよりも単なる質疑応答になってしまうため、相手はうんざりしてしまいます。

会話は「たずねる」ではなく「聴く」姿勢が大事

最近●●って
アイドルを
推しててー
そのグループ
人気あるの？
何回くらい
ライブに行ったの？
なんか尋問
みたい…
チケットは
いくらなの？

**質問が多いと会話が
単なる質疑応答になる**

対処法1：聞きたいことがあるときは断りを入れる

ひとつ
質問しても
いい？

できるだけ相手の話の腰を折らないよう、質問があるときは断りを入れると好印象！

対処法2：オウム返しは話を引き出すのに有効！

●●ってアイドルに
ハマってて
●●に
ハマってるんだ！
ライブの
演出が凝っていて
楽しいの
演出が
凝ってるんだね！
それにすごく
ファン想いで
ファン想いなのは
推せるね！

相手の言葉を繰り返して語尾を上げるのがポイント！

CHAPTER 03

沈黙を防ぐ、会話が続く雑談の神フレーズ

「この前の休日って何してました？」

ACTION 聞く

》》「過去」「現在」「未来」の視点で質問する

初対面やそこまで親しくない人とふたりきりになった際、会話が続かずに気まずい思いをしたという経験がある方も多いことでしょう。**相手となんの話をすればいいかわからない場合は、「過去」「現在」「未来」の視点で質問すると会話が続きやすくなります。**

例えば、趣味について聞く場合、「何か趣味とかあるの？」といった曖昧な聞き方をしても、人によっては「趣味と呼べるほどのものなんてあるかな？」と考えて、返答に困る可能性があります。そこで、質問を「この前の休日とか何してた？」と過去の視点を取り入れたもの変えてみましょう。これなら、相手は休日の自分の行動を答えればいいだけですから、自然と会話が続きやすくなります。

同様に現在の視点であれば「仕事の調子はどう？」ではなく、「いまどんなプロジェクトを進めているんですか？」、未来の視点であれば「何か夢とかってあるの？」ではなく「10年後、どうなっていたい？」というように、できるだけ具体的な質問をしてあげることがポイントです。

また、見たものをそのまま話題にする「ビデオトーク」も有効な方法のひとつです。「かっこいい腕時計ですね」「そのアクセサリーすてき！」「あそこに見えるのは有名なお寺ですかね？」など、話題はなんでも構いません。「ビデオトーク」は視界に入っているものすべてが話題になるため、会話が続けやすいのがメリット。会話が途切れて困ったな、というときはぜひ実践してみましょう。

雑談は「過去」「現在」「未来」で会話する

例1【過去の視点】:趣味について聞く場合

何か趣味とかあるの? ×

この前の休日とか何してた? ○

具体的に「この前の休日」という過去の質問をすることで、相手は返答する内容が明確になる。

例2【現在の視点】:仕事について聞く場合

仕事の調子はどう? ×

いまどんなプロジェクトを進めているんですか? ○

単に「調子は?」と聞かれても相手は返答に困るだけ。具体的にいま取り組んでいることを聞くことで、会話が広がりやすい。

例3【未来の視点】:夢や目標について聞く場合

何か夢とかってあるの? ×

10 年後、どうなっていたい? ○

「夢」と聞かれると案外、返答が難しい。「10年後どうなりたいか」という具体的な時期を質問することで、相手も答えやすくなる。

CHAPTER 04

目上の人の〝教えたい欲〟を満たす鉄板トーク

「全然詳しくなくて…教えてください」

ACTION 聞く

》謙虚な生徒役になりきって知識を教わる

あまり親しくない相手と雑談する場合は、「教えてもらう」スタンスをとるのが有効です。88ページで紹介した「過去」「現在」「未来」の視点での質問や「ビデオトーク」などで、相手の趣味だったり、興味・関心のある事柄などがわかったら、そのあとはひたすら、謙虚な生徒役になりきって「教えてもらう」スタンスで会話を進めていきます。

例えば、相手が株などの投資に詳しく、世界経済についても日々チェックしているとわかったとしましょう。そうしたら「自分は勉強不足で全然その方面は詳しくなくて。ぜひ教えてください！」と話を振ります。そうすると、**相手としては自分の知識を披露できるので単純にうれしいですし、無理に話題を探さなくてよいので相手も自分も楽です。**さらに、その話題を通じて、自分の性格やパーソナルな部分を伝えることもできます。

特に相手が目上の人の場合、この「教えてもらう」作戦は鉄板で、「ところで、新ＮＩＳＡというのはどういうものなんですか？」など適度に質問をはさみつつ、「なるほど！」「勉強になります！」といった相づちを入れておけば、あとは勝手に相手が話を続けてくれるでしょう。

もちろん、**目上の人でなくても、ゲーム好きな子どもに最新ゲーム機の知識を教わったり、おしゃれ好きそうな人にファッションのこだわりを教わるなど、この作戦はいろいろな相手に使えます。**相手の好きな分野の話題を振るのが、ラクに会話を続ける一番のポイントといえるのです。

「教えてもらう」スタンスで会話する

私は野鳥撮影が
趣味でね。
週末はよく撮りに
行っていて……
野鳥撮影ですか！
すごく興味深いです。
ぜひお話を聞かせて
ください！

こちらが「教えてもらう」スタンスをとることで相手は……

- 自分の知識を披露できるので単純にうれしい
- こちらから無理に話題を探さなくてよいのでラク
- 性格やパーソナルな部分を伝えることができる

うまく話題を振るのがポイント！

●ゲームをする子どもに対して

「このゲーム人気あるよね！ どのキャラが強いの?」とゲームの知識を教わる。

●おしゃれな人に対して

「そのワンピース、デザインがすごくすてきですね。どこのブランドなんですか?」とファッションのこだわりを聞く。

●友人宅で手料理をごちそうになって

「このスープ絶品ですね！ よかったらレシピを教えもらえませんか?」と話を振る。

CHAPTER 05

さらに関係を深めたい相手への
飲み会の別れ際フレーズ

「今度は私がお誘いします」

ACTION
お礼

》》受け身ではなく前向きな姿勢を見せる

会社の同僚や友人たちとの飲み会の別れ際。会を主催してくれた人に対して、何気なく「今日は楽しかったです！　また誘ってください」と言ってしまう人がいます。

本人としては「誘ってもらってありがとうございます」というお礼のつもりなのでしょうが、実はこれは別れ際の感謝の言葉としては不合格です。

「また誘ってください」というのは、「自分から誘う気はないけれど、また参加したいです」という受け身の姿勢の言葉です。そのため、人によっては「また誘ってくださいじゃなくて、今度はお前が誘えよ！」とカチンときてしまう可能性もあります。もちろん、まったく気にしない人もいるでしょうが、相手の気分を害してしまう可能性がある以上、使わない方が賢明でしょう。

別れ際のフレーズとしては、「また誘って」といった受け身の言葉ではなく、**「今度は私がお誘いします！」のような前向きな姿勢の言葉を伝えるのが正解です。**相手がかなり目上の人の場合など、実際には「自分から誘うなんてとてもできない」ということもあるかと思いますが、たとえそうだとしても、こう言われれば相手も悪い気はしないはずです。

大事なのは「またご一緒したいです！」という、前向きな気持ちを見せること。「誘ってください」という受け身の人よりも、「次は自分が誘います！」という前向きな人の方が、相手からも好印象を持たれやすく、結果的にまた誘ってもらえる可能性も高くなるのです。

「受け身」ではなく「前向き」が好かれるコツ

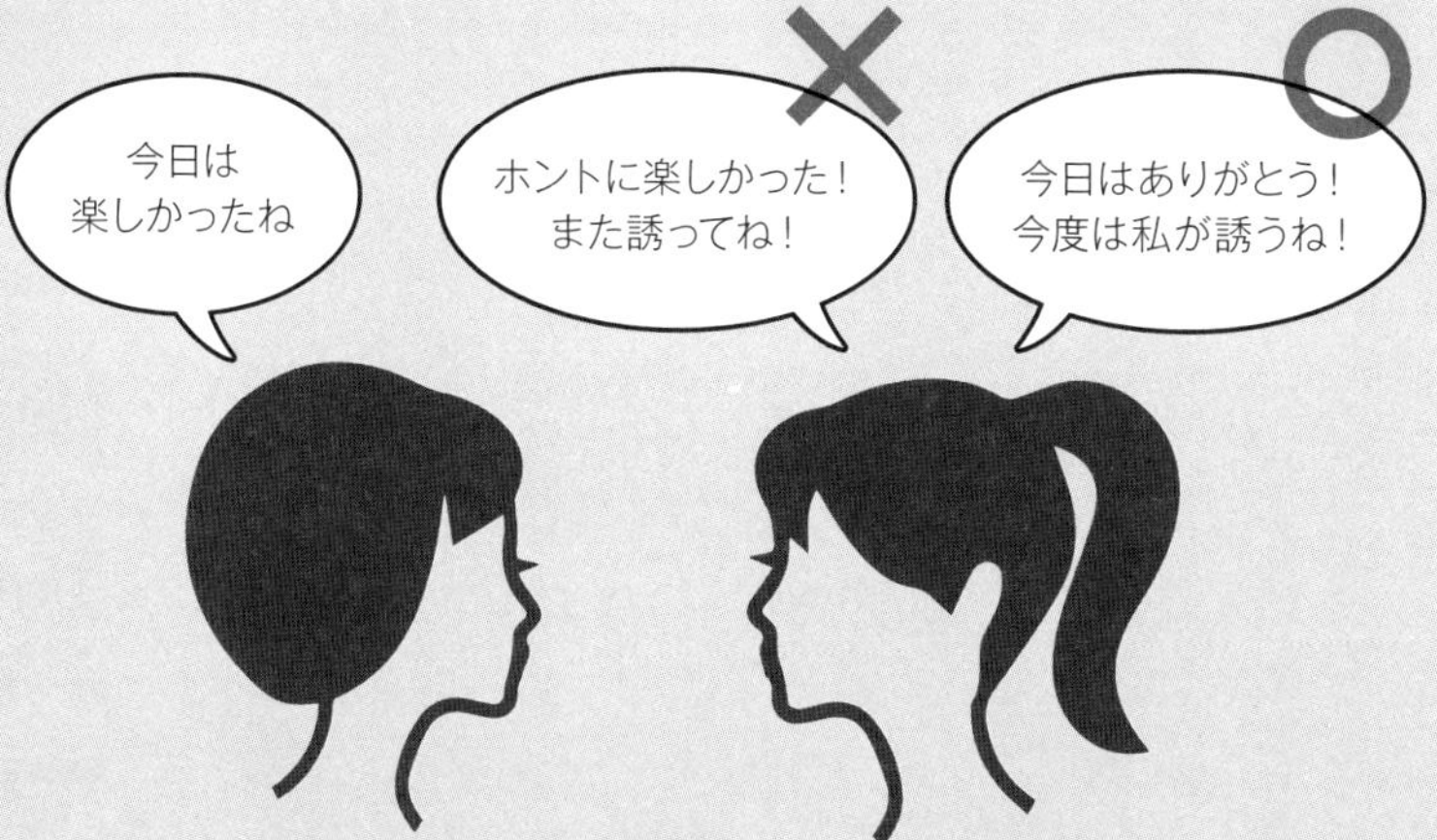
×
○
今日は
楽しかったね
ホントに楽しかった！
また誘ってね！
今日はありがとう！
今度は私が誘うね！

「また誘って」は受け身の言葉。
そうではなく「今度は自分が誘う」という
意志を見せることが大事！

たとえ目上の人であっても言われて悪い気はしない

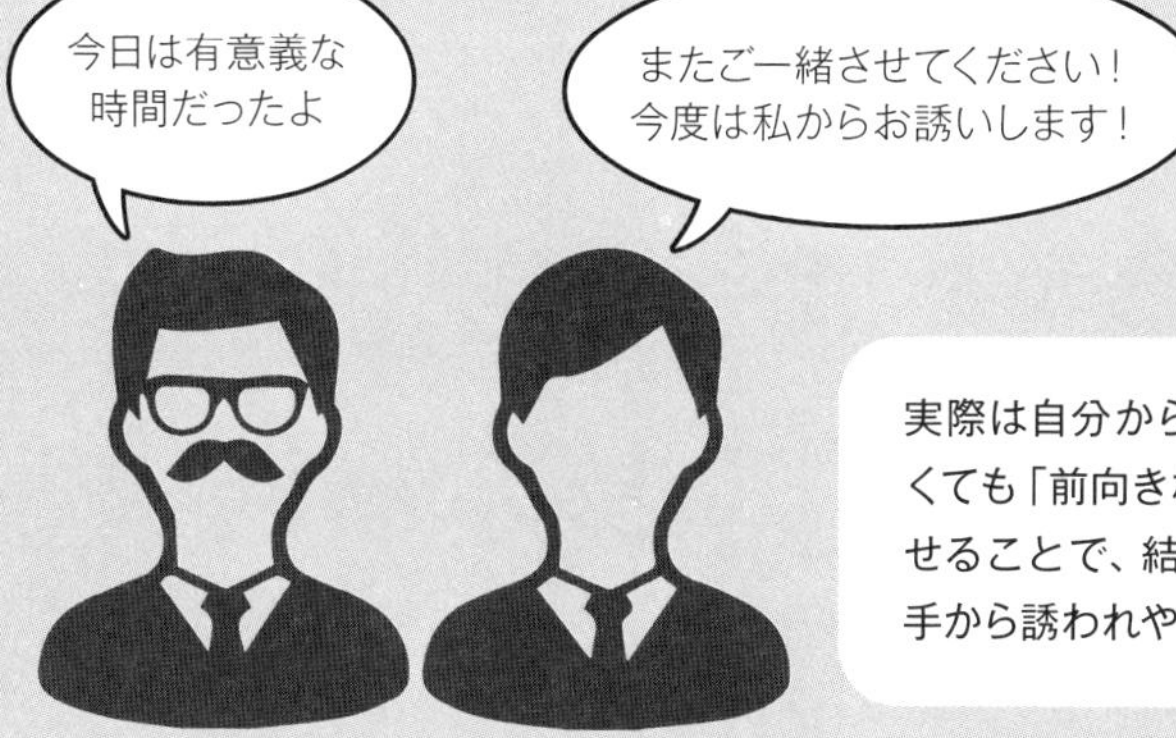
今日は有意義な
時間だったよ
またご一緒させてください！
今度は私からお誘いします！

実際は自分から誘うのは難しくても「前向きな気持ち」を見せることで、結果的にまた相手から誘われやすくなる。

CHAPTER 06

子どものいる相手との会話のきっかけ作り

「何にハマってるの？」

ACTION 聞く

》》意外と難しい子どもの話題

　先輩が幼稚園に通う自分の子どもの写真を見せてきたときや、上司の家に招かれて中学生のお子さんに挨拶されたときなど、なにかしら相手のお子さんに関して話題にしないといけない場面があります。

　相手が幼稚園生くらいであれば「かわいいですね」とコメントするのが無難ですが、中学生くらいだとそれも変ですし、かといって「賢そうですね」と言うのも、もし成績が悪かったりすると嫌味にとられてしまう可能性があります。

　そこでおすすめなのが、「お子さんはいま、何にハマっているんですか？」「何か習い事とかさせているんですか？」というフレーズです。「どんなお子さんですか？」だと、質問が曖昧すぎて意外と相手も答えるのに困ってしまいますが、これなら自然と会話も広がりやすくなります。

　なお、**たまに「それに比べてうちの子は……」といったように、自分の子どもをけなす人がいますが、これは誰も幸せにならないので絶対にやめましょう。とくに自分の子どもの前でこれを言うのは最悪です。**

　本人は謙遜のつもりでも、子どもにしてみれば「もうなんなの！」と傷つきます。また、言われた相手も「いやいや、あなたのお子さんも立派よ！」とフォローせざるを得ないため、非常にめんどくさいです。もちろん、子どもに限らず「それに比べてうちの夫は／妻は……」も同じ。ときにはそう言って愚痴りたいこともあるかとは思いますが、少なくとも本人の前ではやめておきましょう。

子どもの話題を振るなら「何にハマってる?」が鉄板

お子さん、いま何にハマってるの？
何か習い事やってるの？
うちの子はいまサッカーをがんばってて

「いま、何にハマっているんですか?」「何か習い事とかさせているんですか?」は子どもについて話題にするときの鉄板フレーズ。「どんなお子さんですか?」だと意外と相手も答えるのに困るが、これなら自然と会話が広がりやすい。

自分の子どもをけなすのはNG！

まあ、すごい！うちの子は何やっても長続きしなくて…
余計なこと言わないでよ！
全然！うちの子も似たようなものよ
気を遣うなあ…

たまに「それに比べてうちの子は」など、自分の子どもをけなす人がいるが、これは誰も幸せにならないので避けるべき。謙遜のつもりでも止めよう。

CHAPTER 07

「この伝え方で大丈夫？」

会議で相手を気遣いながらすすめるための神ワード

ACTION 聞く

＞＞＞「言ってる意味わかる？」は嫌われる

物事を説明している途中で、相手に対して「言ってる意味わかる？」「話、理解できてる？」というふうに確認してくる人がいます。

言っている本人としては、相手が理解できていないまま話が先に進まないようにというフォローのつもりなのでしょうが、言われた側からすると、なんとなく上から目線でバカにされたような気分になり、イラッとしてしまいます。

しかも、「ちょっとわからなくて……」と言うと、「ええっ!? しょうがないなあ。じゃあ、もう一回説明するけど……」と、まるで理解できない方が悪いといわんばかりのリアクションをとったりします。これでは、相手からの印象は最悪でしょう。

相手に自分の話がきちんと伝わっているかを確認したいときは、「相手の理解力」ではなく、「自分の伝え方」に問題がないかを聞くようにしましょう。「話、理解できてる？」ではなく、「この伝え方で大丈夫？」と聞くのが正解なのです。

また、相手から「わかりません」と言われたときは、「わかりにくかったですよね。すみません」と、あくまで自分が悪かったとフォローすると相手からは好印象です。

そもそもコミュニケーションの大前提として、話の責任は始めた側にあります。もし、相手が理解できていないのであれば、相手がわかるように話し手側がもっと工夫すべきなのです。見直すのは相手の理解力ではなく、自分の説明力。その意識を持つことが、相手から好かれるポイントです。

「聞く側の理解力」ではなく「話す側の伝え方」を確認する

× 悪い例 「聞く側の理解力」をたずねる

言ってる
意味わかる?
話、理解
できてる?
なんかバカに
されている気分

○ よい例 「話す側の伝え方」をたずねる

この伝え方で
大丈夫ですか?
説明が
わかりにくく
ないですか?
●●の
ところがよく
わかりません

私の伝え方が
よくなかった
ですね

相手ではなく「自分の伝え方」が問題ないかを確認する。また、相手が理解できていない場合も、あくまで「自分の伝え方が悪かった」とフォローすることで好印象に。

CHAPTER 08

相手を覚えていなかったときのフォロー術

「印象が変わりましたね」

ACTION 挨拶

》》「気付かなかった」アピールで乗り切る

街中で突然、「○○さん、お久しぶりです！」と声をかけられたものの、相手の顔を見ても誰なのかまったく思い出せない。一瞬、正直に「どちら様でしたっけ？」と聞こうかと迷ったものの、取引先の人など忘れていたらマズイ相手かもと思うと、なかなか切り出せない。その結果、「えっ、ああ、お久しぶりです」と答えてなんとか乗り切ろうとするも、結局は「もしかして忘れてました？ 以前にお仕事でご一緒させていただいた▲▲ですよ！」と相手に見抜かれて、バツの悪い思いをした。そんな経験をしたことはないでしょうか。

こうしたシチュエーションで覚えておくと役立つのが、「印象が変わりましたね」というフレーズです。

わからなかったのは決して覚えていなかったからではなく、相手の印象が「いい意味で変わっていた」ので気づかなかった、という方向に話を振ってフォローするわけです。相手から名乗られたあと、さも驚いたかのように伝えるとリアリティが増します。

実際、仕事とプライベートでは服装なども違ってきますし、特に女性の場合だと髪型やメイクなどで印象がガラリと変わったりもしますから、この作戦が案外ハマることも少なくありません。

ただし、いい意味で変わったことを強調したいばかりに、「よりお綺麗になられて」や「すっかり見違えて」といった一言を加えると、途端にウソくさくなってしまうので要注意。場合によっては「軽薄な人だな」と自分の評価を下げることにもなりかねないので、余計なことは付け加えないのが賢明です。

忘れていた相手を不快にさせないための神ワード

うっかり相手を忘れていたときは
こうフォローすべし！

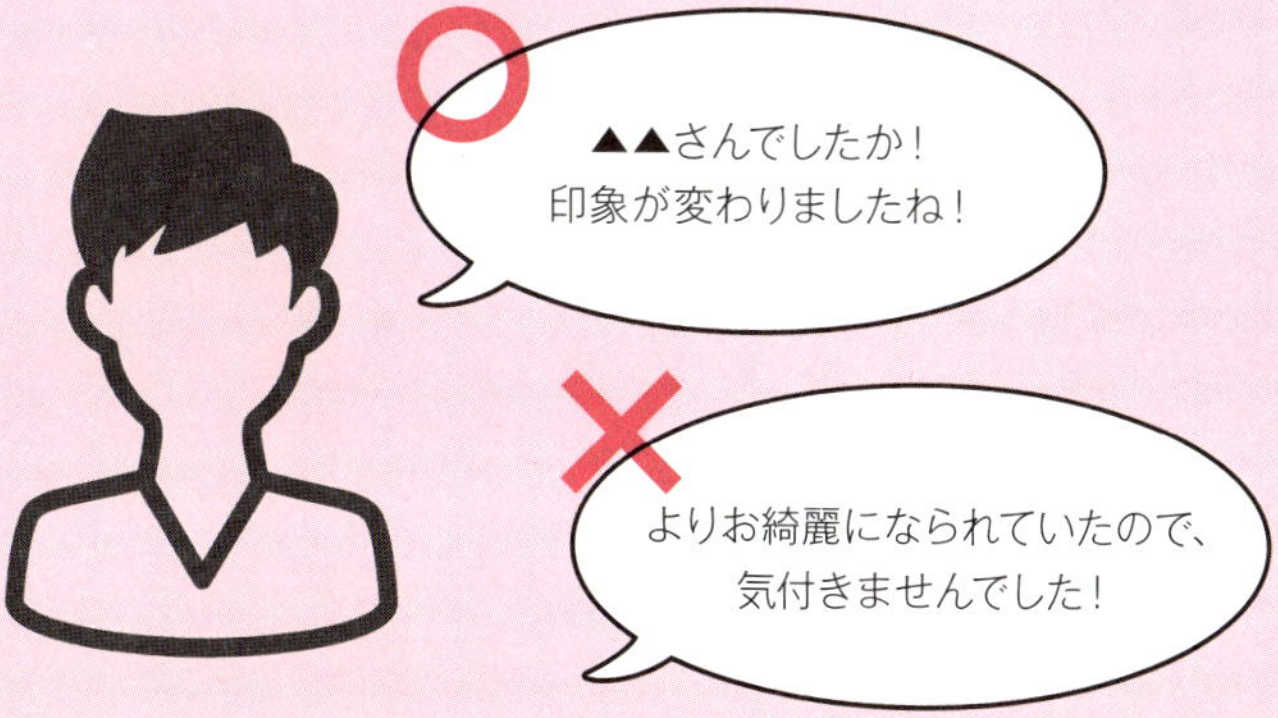

- 「印象が変わりましたね！」と伝えることで、「覚えていなかった」のではなく「気づかなかった」とフォローする。
- 「よりお綺麗になられて」や「すっかり見違えて」といった余計な一言は付け加えない方が安全。

CHAPTER 09

「それもありますね」

ちゃぶ台返しなことを言われたときの返しワード

ACTION 指摘する

》》相手の提案を尊重しつつ折れてもらう

妻の実家に帰省中。「この夏はみんなでどこかへ旅行に行こう」という話題で盛り上がり、あそこがいい、ここがいいといろんな意見を出し合った結果、「ディズニーランドへ行こう」と決まりました。

これに子どもたちが大喜び。あれは絶対に乗る、このグッズが欲しいと、すっかりその気になっています。

ところが、そこで義父が「それよりも、わしは温泉がいいなあ」と一言話したところ状況は一変。子どもたちは「えー！」と大ブーイング。妻も「もう決まったのになに言ってるの？」と冷たくツッコミます。しかし、それで「じゃあ、わしは行かん！」とヘソを曲げられても困ります。せめて自分だけは、どうにかフォローしたい……。

こんなシチュエーションで使えるのが、「それもありますね」というフレーズです。「それもありですね！　でも子どもたちも楽しみにしていますし、温泉は冬に行きませんか？」といったように、相手の意見を認めた上で代案を出し、今回は折れてもらうように誘導するわけです。

ポイントは相手の提案をバッサリと切り捨てないこと。「すごく魅力的」「甲乙つけがたい」「その手も十分ある」のだけれど、今回は我慢してほしいという方向に話を持っていければベストです。

義父や義母、上司、お世話になっている先輩など、正面から「それはナシ」と言えない相手に対しては、相手の意見を尊重しつつも、今回はどうか折れてほしいという配慮を見せることが大事です。

相手の考えを尊重しつつ譲歩してもらう

家族旅行なら
テーマパークより
温泉の方がいいに
決まっておる！
もうテーマパークに
決まったのに…

突然、無茶なことを言い出した相手をうまく説得したいときは…

悪い例

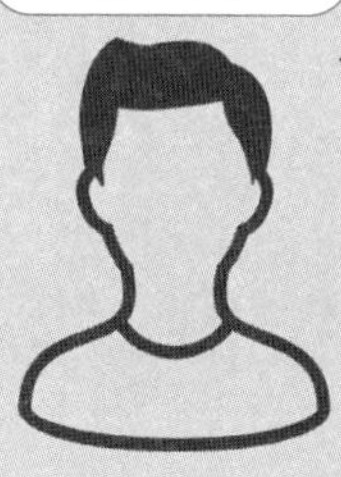

今更、その変更はあり得ないですよ ×

たとえ相手の意見がトンチンカンなものだったとしても、頭ごなしにバッサリと否定してしまうと機嫌を損ねて、意固地になる可能性がある。

よい例

なるほど！ それもありですね！
ただ、温泉は次回にしませんか？ ○

「それもありますね」「その発想はなかったです！」など、最初に相手の意見を認めてあげると、今回は折れてほしいと説得しやすい。

CHAPTER 10

「うらやましい」

相手の承認欲求をさくっと満たすキラーワード

ACTION 聞く

≫相手の「羨望されたい」欲を満たす

「新作のブランドもののバッグを買っちゃった」「合コンに行ったらめちゃくちゃモテて困っちゃって」など、なにかいいことがあると、すぐに自慢話をしてくる人がいます。

あまりにも長々と自慢話をされると、こちらもうんざりしてしまいますが、露骨にそうした態度を見せても相手はヘソを曲げてしまうだけ。どうせ自慢話を聞かされるなら、相手が喜ぶ反応をして、自分の印象をよくした方が得です。

自慢話をする人の根底には、相手から「羨望されたい」という欲求があります。そのため自慢話には「いいね」よりも、「いいなあ」のスタンスで返すのが正解です。

例えば、「先週、家族でハワイに行ってきたの」と言われた場合、「この時期のハワイっていいですよね」と返すよりも、素直に「いいなあ、うらやましい」と返してあげる方が、相手の「羨望されたい」という欲求を満足させてあげられます。

また、**「うらやましい」と同じニュアンスを持つ言葉として、「ズルい」というものもあります。**「ズルい」には「狡猾」や「卑怯」といったネガティブな意味合いがありますが、一方で「相手に嫉妬している」ことを端的に表すワードでもあります。そのため「〇〇さんばかりモテてズルいですよ」「そんなに食べても全然、太らないなんてズルい」のように、使い方によっては、**相手の「羨望されたい」という欲求を満たす効果があります。**状況によっては、こちらを使うのもありでしょう。

「うらやましい」は承認欲求を満たすキラーワード

先週、家族で
ハワイに行ってきたの～

自慢話にはどう返すのが正解？

この時期の
ハワイって
いいですよね

いいなあ
うらやましい！

単に「いいね」だけだと自慢話への返しとしてはやや物足りない

「いいなあ」＋「うらやましい」をセットにすることで相手はより嬉しくなる

「うらやましい」で
喜びがアップ！

自慢話をする人の根底には「うらやましがられたい」という気持ちがある。そのため「いいね」よりも、「いいなあ」のスタンスで返すのが正解。素直に「うらやましい」というフレーズで応えてあげることで、相手はより満足した気持ちになる。

CHAPTER 11

アドバイスがいらない愚痴を言うときの前置き例

「聞いてほしいだけなんだけど」

ACTION 頼む

》》「アドバイスはノー！」と意志表示する

「今日、資料をつくるのをすっかり忘れて、部長に怒られちゃって……」

「社会人なんだからちゃんとスケジュール管理しなきゃ！　リマインダーかけてないの？」

ちょっと愚痴や悩み事をこぼしたら、相手からお説教をされた。そんな経験をしたことがある人も多いのではないでしょうか。

もちろん、相手に悪気はありません。よかれと思ってアドバイスをしているだけです。しかし、えてしてこうしたアドバイスは「上から目線」だったり、単なる「説教」になったりしがち。そのため、言われた側は「ただ聞いてほしかっただけなのに、なんなの！」とイライラしてしまいます。

そもそも愚痴をこぼすのは、話を聞いてもらって胸の内のモヤモヤを解消したいから。別にアドバイスを求めているわけではありません。しかも、この手のときにされるアドバイスのほとんどは、誰でも思いつく凡庸なものだったりするため、言われた側は「そんなこと言われなくてもわかってる！」と余計にストレスを溜めてしまいます。

こうならないためには、最初に「これは、ただ聞いてほしいだけなんだけど」と前置きしてから、愚痴をこぼすようにしましょう。

そんなこと言わなくても察してよ、と思うかもしれませんが、世の中はそう察しのいい人ばかりではありません。「アドバイスはいらない」ときちんと伝えておくほうが、お互いのためにもメリットが大きいのです。

ついアドバイスしてくる人たちへの対処法

資料をつくるのを
すっかり忘れて
部長に怒られちゃって
社会人なんだからちゃんと
スケジュール管理しなきゃ！
リマインダーかけてないの？
そんなことは
言われなくても
わかってるわよ！
よかれと思って
言って
あげてるのに！
ちょっと愚痴を
聞いてほしい
だけだったのに……

愚痴や悩みに対して、アドバイスしてくる人はよかれと思って言ってくることが多い。しかし、えてしてこうしたアドバイスは「上から目線」だったり、単なる「説教」になったりするため、言われた側は「そんなことは言われなくてもわかってるんだよ！」とイライラしてしまう。

対処法：アドバイスがいらないときは前もって言っておく

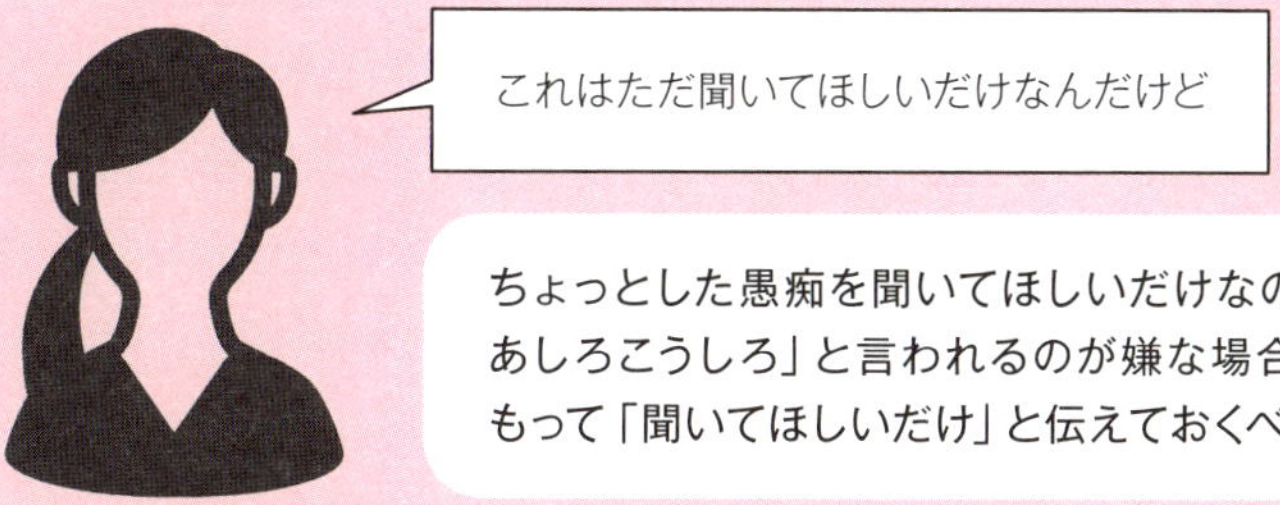
これはただ聞いてほしいだけなんだけど

ちょっとした愚痴を聞いてほしいだけなのに「ああしろこうしろ」と言われるのが嫌な場合は、前もって「聞いてほしいだけ」と伝えておくべき。

CHAPTER 12

ACTION 反論する

「あなたはどれがいいと思う?」

論争に持ち込む相手へのカウンターワード

≫「主観VS主観」に話を持っていく

こちらの提案に対して、すぐに「それってどういう理由なの?」「根拠はあるの?」などなんくせをつけてくる人がいます。

たとえば、AとBのふたつの案のうち、直観的にAがいいと思ったとしても、「根拠は?」「Aを推すエビデンスは?」などと詰められると、こちらとしてはなにも言い返せません。

また、この手の人の場合、**たとえなにかしらの根拠を示したとしても、大抵は「それはデータが古すぎる」「調査範囲が狭すぎる」とまた文句を言ってきます。これでは、いくら論争を続けても埒が明きません。**

こうした、**ただ論争がしたいだけの相手には、データではなく「主観」で返すのがベストです。**根拠の弱さを指摘されたら、素直に「すみません、そこは準備不足でした」と謝り、「では、あなたはどちらがいいと思いますか?」と、逆に相手の「主観」を問う質問を投げかけましょう。

やたらと「根拠」を指摘してくる人も、実際には単に「その案は気に入らない」「わからない」という「主観」で攻撃しているだけだったりします。こうした相手にいくらデータを示したところで、絶対に納得しません。

そんな不毛なやり取りをするくらいなら、**さっさと主観同士の議論に話を持っていく方が効率的です。**そこで相手が「自分はB案がいいと思うんだけど」と言ってくれればしめたもの。ようやく話を前に進めることができるはずです。

論争にデータを持ち込む

今回の
イメージカラーは
思い切って青にするのも
ありだと思います！
それって
どういう
根拠なの？
青を推すデータや
エビデンスはあるの？
単にあなたの
主観じゃないの？

●データを根拠になんくせをつけてくる人も、結局のところ「その案は気に入らない」「よくわからない」というだけの場合も……。

●そういう人の場合、たとえこちら側がデータを用意しても「そのデータは古すぎる」といった感じで、またなんくせをつけてくるため埒が明かない。

データではなく「主観VS主観」に
話を持っていくのがベスト！

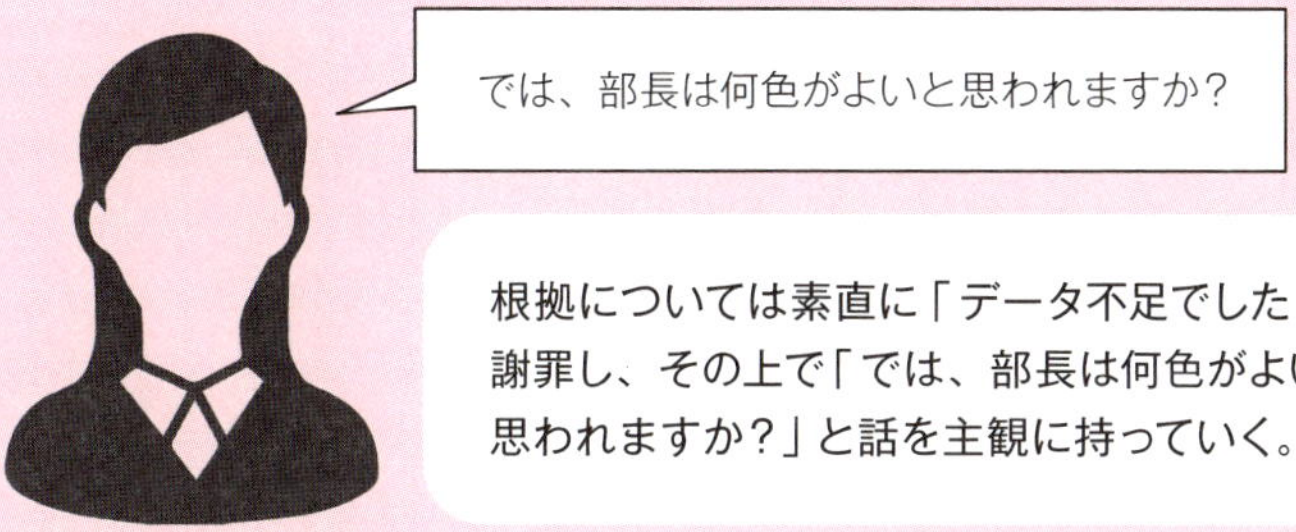
では、部長は何色がよいと思われますか？

根拠については素直に「データ不足でした」と謝罪し、その上で「では、部長は何色がよいと思われますか？」と話を主観に持っていく。

CHAPTER 13

夫婦間でお互いが気持ちよくなるお願いの仕方

「○○やってくれる？」

ACTION 頼む

》》「やってくれて当たり前」と思わない

夫婦の会話では「洗濯物取り込んだ？」「荷物受け取っておいて」のように、一方的な物言いをしてしまうことがよくあります。

夫婦なのだから、このくらいの言い方をしても平気だろうと思うかもしれませんが、それは大きな間違い。**むしろ長い時間を一緒に過ごす夫婦だからこそ、言い方には気を付けるべきです。**相手がイライラしているときなどは、この言い方にカチンときて、それがきっかけでケンカに発展してしまうことも十分にあります。

そうならないためには、**語尾を変えて言い方をまろやかにするのが効果的です。**「取り込んだ？」ではなく「取り込んでくれた？」、「受け取っておいて」ではなく「受け取っておいてくれる？」のように、語尾に「くれた？」「くれる？」を付けることを意識しましょう。これだけでも、相手の印象はグッと変わります。

相手になにかを頼むときのポイントは、決して「やってくれて当たり前」と思わないことです。たとえ、夫婦で家事の役割分担が決まっていたとしても、「やって当然」と思わず、「いつもありがとう」という感謝の気持ちを忘れないことが大事です。

また、相手に対して「～してあげた」と思うのもNGです。「してあげた」と恩着せがましく思うと、「こんなにしてあげているのに、あなたは……」という気持ちが芽生え、ケンカの元となります。なかなか簡単なことではありませんが、お互いがそういう意識を持つことが、夫婦円満のコツです。

「命令形」ではなく「疑問形」で夫婦関係をまろやかに

例1　頼んだことをやったか確認したいときは、
語尾に「くれた?」の3文字を足す

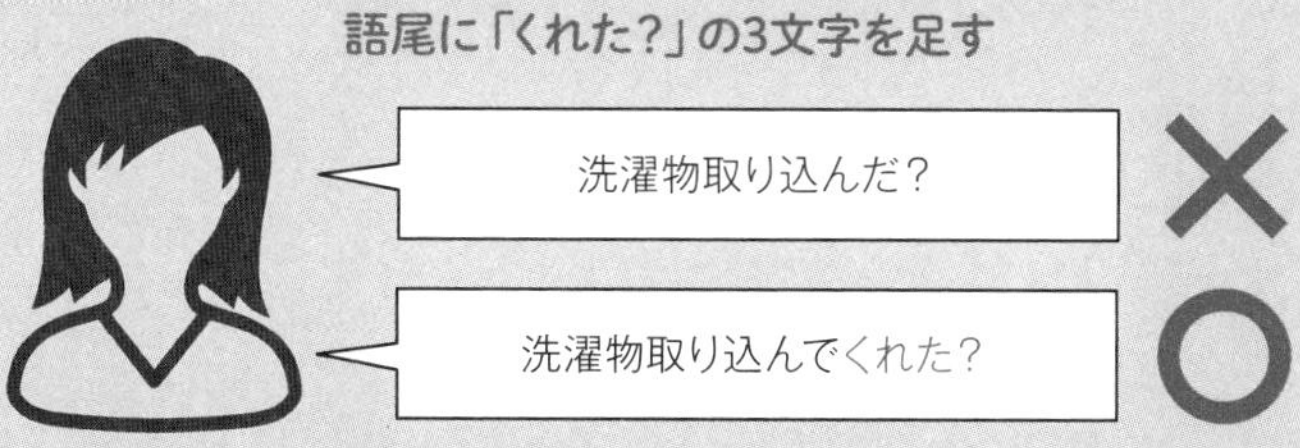
洗濯物取り込んだ?
×
洗濯物取り込んでくれた?
○

例2　これからやってほしいことを伝えるときは、
「くれる?」で疑問形にする

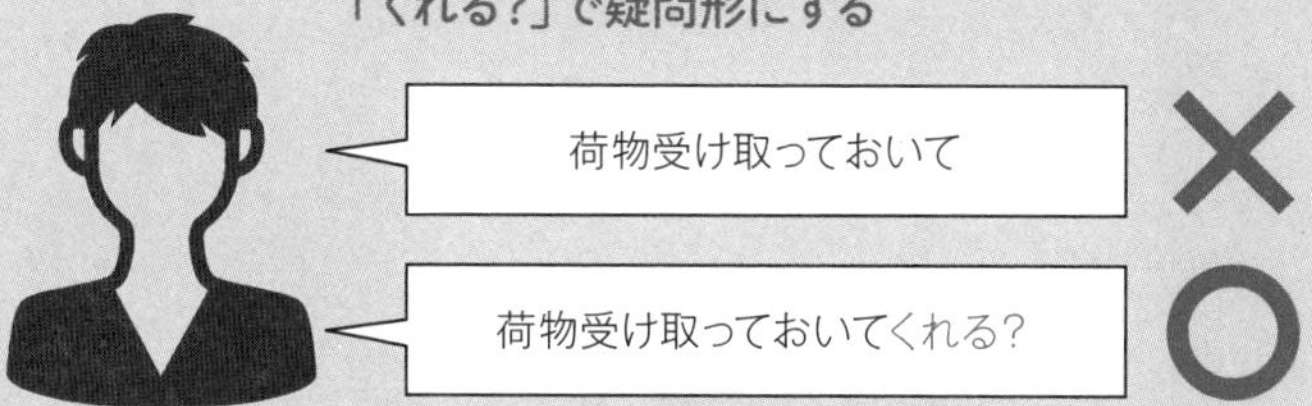
荷物受け取っておいて
×
荷物受け取っておいてくれる?
○

「命令形」ではく「疑問形」で頼むクセを身につける

「してあげた」と思うのはNG!

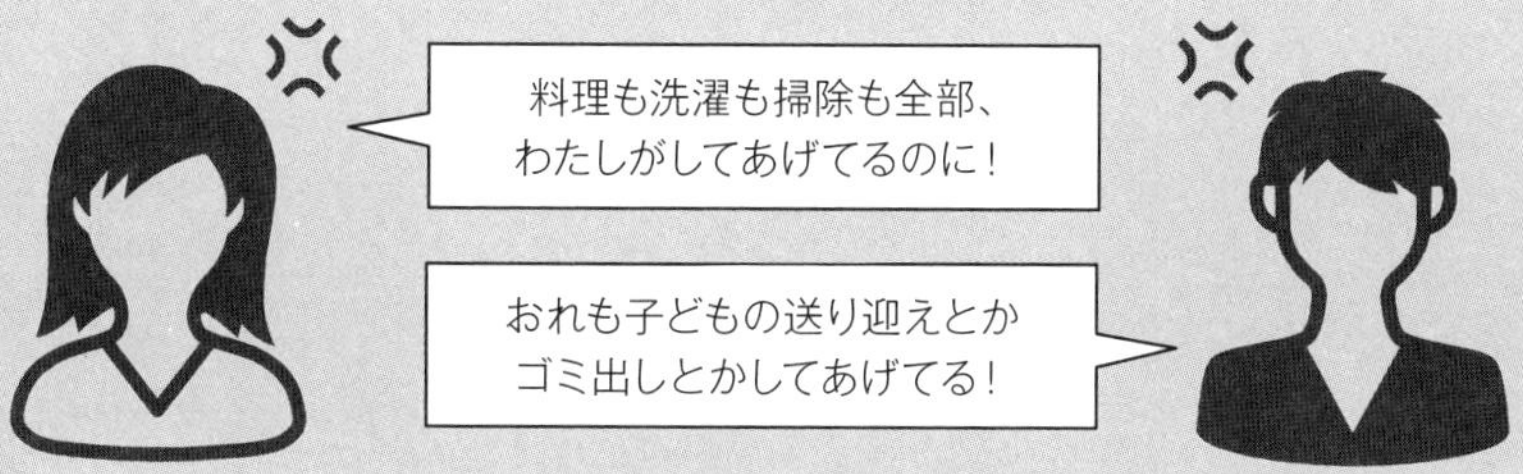
料理も洗濯も掃除も全部、
わたしがしてあげてるのに!
おれも子どもの送り迎えとか
ゴミ出しとかしてあげてる!

「してあげた」と恩着せがましく思うと、「こんなにしてあげているのに、なんであなたは……」という気持ちが芽生え、ケンカの元となる。

CHAPTER 14

「話してくれてありがとう」

トラブルの報告を受けたら絶対言うべき一言

ACTION 叱る

≫相手を責めても問題は解決しない

デスクに神妙な面持ちの部下がやってきて「じつは得意先からクレームが入ってトラブルになっていて……」と報告をされる。しかも、トラブルの初期ではなく、だいぶこじれてどうにもならなくなってようやく相談してくる。そんなときは、つい「なにやってるんだ！」「なんでもっと早く報告しなかったんだ！」と怒鳴りたくなるもの。

ただ、ここで**怒鳴っても相手を萎縮させるだけで、問題の解決にはなりません。もちろん、報告が遅いことへの注意は必要ですが、それはあと。まずは、冷静に「話してくれてありがとう」と言って、相手を安心させましょう。**

さらに「自分も情報を追えてなくてすまない」といった、相手だけに責任を押し付けない配慮を見せることで、部下も落ち着いて経緯を説明できるようになります。その上で、**「いまからできることを考えよう」と、すぐに今後のことに視点を移します。終わったことをぐだぐだ責めても無意味ですから、この切り替えが大事です。**

もちろん、実際にこういう状況に置かれると、自分も冷静さを欠くため、なかなかこの通りにはいかないでしょう。ただ、たとえ報告がなかったにせよ、「自分が知らないのは究極的には自分のミス」と考えておくと、一方的に相手を責めることはなくなるはず。どんなときでも冷静に対応してくれるとわかれば、部下も次からはすぐに相談にくるはずで、結果的には怒りをグッと抑えた方が、周囲の評価も高まることにつながるのです。

報告の遅い部下への接し方の正解は？

じつはＡ社から
クレームが入って
トラブルになっていて…
は!?
なにそれ
おれは
聞いてないぞ！
なんで早く
報告しないんだ！

**部下からの報告が遅れた際に
「聞いていない！」と怒るのは嫌われる上司の典型例！**

できる上司の正解ワードはこれ！

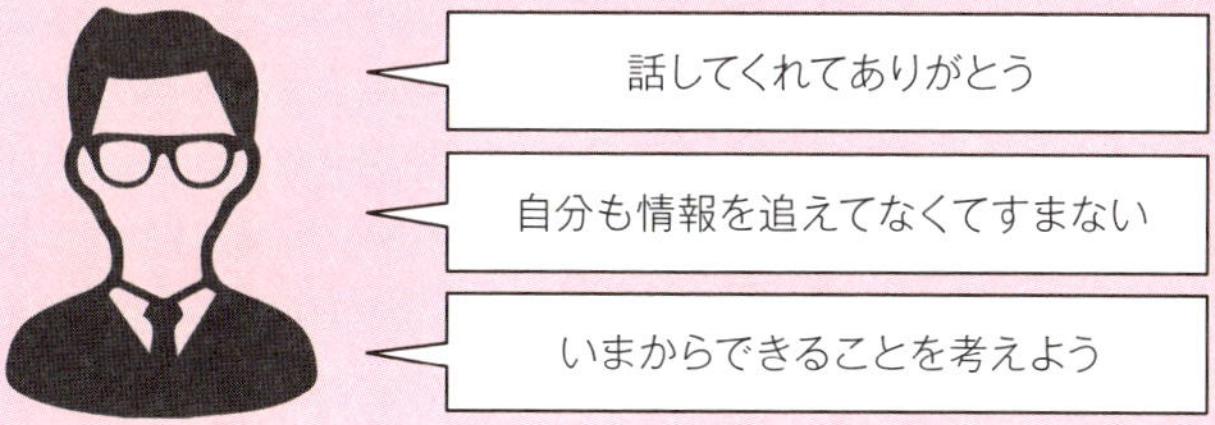
話してくれてありがとう
自分も情報を追えてなくてすまない
いまからできることを考えよう

なるべく冷静に受け止める

頭ごなしに相手を責めない

今後のことに視点を移す

自分が知らないのは究極的には自分のミス。相手を責めるのではなく、これからできることを一緒に考えることで、部下も素直に反省してつぎの成長につながる！

CHAPTER 15

ACTION 謝る

「一方的に言っちゃってすみません」

口論になりそうなときに一旦冷静になる

»内容を訂正せずに謝罪するテクニック

クレームをつける際に感情的になり、つい言い過ぎてしまった。相手の言い分にカッとなり、強い言葉で責め立ててしまった。

すぐに「言い過ぎた！」と我に返ったものの、あとの祭り。相手も怒ってしまい、このままだとただの罵り合いになってしまう。どうにか場を一旦落ち着かせて、お互い冷静に話したい……。

そんなときに有効なのが、「一方的に言っちゃってすみません」というフレーズです。

相手も人間ですから、一方的に責められるとカチンときて、反論したくなるのも当然です。そこでこちらが譲らないと、感情的な口論になってしまうだけ。しかし、こちらが先に「すみません」と謝罪の言葉を口にすることで、相手も多少は冷静になり「いや、こちらこそすみません」といった具合に矛を収めやすくなります。

このフレーズが便利なのは、あくまで「一方的に言ってしまった」ことについての謝罪であって、自分の指摘については取り下げていないところです。そのため、「自分は間違っていないから本当は謝りたくない」という人でも、抵抗なく言いやすいはず。

クレームにしろ、話し合いにしろ、大切なのは自分の要望を伝えて、相手に理解してもらうこと。「なによ！」「なんだと！」とお互いが感情のままに対立しても、問題はなにも解決しません。ゴールはクレームをつけることではなく、相手に改善してもらうこと。ヒートアップしそうなときは、一旦自分から譲歩する姿勢を見せることも大事です。

指摘は訂正せずに謝罪する便利ワード

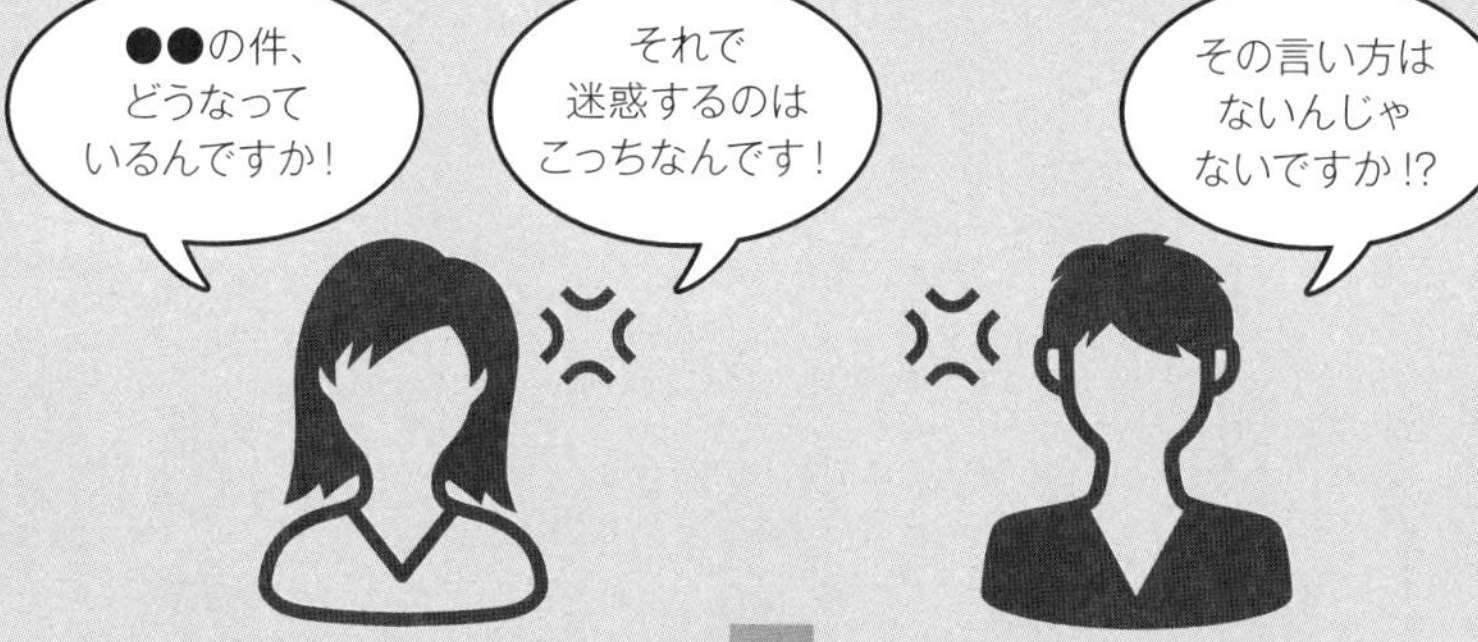
●●の件、
どうなって
いるんですか！
それで
迷惑するのは
こっちなんです！
その言い方は
ないんじゃ
ないですか!?

ついカッとなって言い過ぎたけど
内容に関しては**訂正したくない**ときは……

一方的に言っちゃってすみません
でもこっちの
指摘は間違ってない
から！

- 指摘については謝罪していないのでこちらの主張は曲げずに済む
- 謝罪の言葉を示すことで、場の緊張を和らげることができる
- 互いにヒートアップして関係がこじれるのを防止できる

**あくまで「一方的に言い過ぎてしまった」ことに関してのみ謝罪する。
指摘した内容については謝罪していないのがポイント。**

CHAPTER 16

想定していない質問がきたときの便利ワード

「直接のお答えになっているかわかりませんが」

ACTION 答える

多少ズレた回答をしてもどうにか乗り切る

事前にいろいろと準備し、必要な知識もしっかり詰め込んで臨んだ大事なプレゼン。ところがそこで、取引先の重役から、まったく想定していなかった質問が飛んでくる。一瞬で頭は真っ白。想定外すぎてどう答えていいのかわからない。結局、うまく答えられず相手からの評価を下げてしまった。プレゼンや営業では、一番焦る瞬間でしょう。

反省して次はもっと準備しようと思っても、どれだけ準備したところで想定外の質問をされる可能性というのは常にあります。全知全能の神ではないのですから、すべてをカバーするなんて無理です。

だったら、**あらかじめ「想定していない質問がきたときの返し」を覚えておくほうが効率的です。そのひとつが、「直接のお答えになっているかわかりませんが」というフレーズです。**こう前置きすれば、多少ズレた回答をしたとしても、どうにかその場を乗り切りやすくなります。

たとえば、海外企業が画期的な新技術を開発中というニュースがあったとして、そのことを質問された際に「初耳です」と言うと勉強不足と思われてしまいます。しかし、「直接のお答えになっているかわかりませんが」と前置きすれば、「じつは弊社でも今後に向けて、新たな技術開発に取り組んでおりまして。具体的には……」というふうにうまく話題を転換しやすくなります。

もちろん、まったく無関係な話だとダメなので、使いこなすにはアドリブ力が必要ですが、いざというときのために覚えておいて損はないでしょう。

想定外の質問がきたときはこれで乗り切る

最近、そちらの業界で画期的な新技術ができたそうだが、実際どうなのかね？
えーっと……
知らないと言ったら勉強不足だと思われるかも

想定していない質問をされたが
「わかりません」とは答えられないときは……

直接のお答えになっているか
わかりませんが……

こう前置きすることで、多少ズレた回答をしてもどうにか乗り切りやすくなる

回答例❶
いったん保留する

回答例❷
別の話題に転換する

それについては現在、弊社でも情報を集めているところでしてまた改めてご説明させていただきます
じつは弊社でも今後に向けて、新たな技術開発に取り組んでおりまして具体的には……

タイプ別の効果的な言葉

■相手によって言葉を使い分ける

誰かを叱ったり、なにかを頼んだりするときは、相手の性格に応じて言い方を変えるのも有効な方法です。では、どんな性格の相手にどんな言葉で伝えるのがベストなのでしょうか。そのひとつの例として、ここでは私（五百田）が考案した「生まれ順」による分類と、それぞれのタイプに効く言葉を紹介しましょう。

まず「生まれ順」とはどういうものかと言うと、これは「人の性格は、その人のきょうだい構成に大きく影響される」という考え方をベースに、人の性質を「長子」「中間子」「末っ子」「一人っ子」の4つに分類したものです。

例えば、家族の中で一番上の子どもである「長子」は、最初の子として親からの愛情を一身に受けて育つため自尊心が高くなる傾向があります。また、弟や妹の面倒を見るポジションを担うことから、自然と責任感も芽生えます。こうした子どもの頃の環境は、そのまま大人になったときの人格にも影響するため、「長子」の人は概ね「責任感があり真面目」「自負心が強い」「他人の面倒見がよい」といった性質を持ちやすいと分析できるわけです。

こうした各タイプの傾向をまとめたのが左ページの図版です。この分類は、私自身が老若男女さまざまな人に「小さい頃に体験した親やきょうだいとの関係が、大人になってからの人格にどれだけ影響しているか」のインタビューを行い、その内容をもとに作り上げたものとなっています。もちろん、「長子」として育った人が100％この性格というわけではありませんが、相手と付き合う上でのひとつの参考として活用してみてください。

「生まれ順」で見る4つのタイプと傾向

長子

自尊心と責任感が強い

- 責任感が強く真面目で、自然と他人の面倒を見ることができる。
- 自尊心と自負心が高く、人に任せるのが苦手。
- おっとりとしているが他人の気持ちには鈍感なところも。

中間子

繊細で気配り上手

- バランス感覚に優れ、誰とでもそれなりに上手く付き合える。
- 繊細で感受性が強く、些細な一言に一喜一憂しやすい。
- 空気を読むことに長けるが、一方で目立ちたがりな一面も。

末っ子

したたかな甘え上手

- 何事にも他力本願なところがあり、甘え上手で人に頼るのが得意。
- したたかで要領がよく、なんでも器用にこなす。
- サービス精神旺盛なムードメーカーだが、もめ事は苦手。

一人っ子

マイペースで常識に縛られない

- 世間の常識に捕らわれず、独自の価値観でマイペースに生きる。
- 自由でユニークなセンスを持つが、人づき合いは苦手。
- 思ったことはすぐ顔に出るなど、よくも悪くも素直なところがある。

出典:『不機嫌な長男・長女 無責任な末っ子たち』(ディスカヴァー)を参考に作成

シチュエーション別

長子に刺さるフレーズ

褒める　ありがとう

自尊心が高いため「すごいね」と褒められても、「まあね」くらいでそこまで響きません。むしろ、「ありがとう」というシンプルな言葉の方が「うむ、苦しゅうない」と自尊心が満たされて喜びます。

叱る　しっかりしなさい

子どもの頃から親に「しっかりしなさい」と言われてきたため、うんざりかと思いきや、逆にこう言われた方が気持ちがシャキッとします。長子ならではの責任感の高さに訴える言葉が効果的です。

謝る　反省してます

真面目な長子には、なにはともあれ反省の意をしっかり伝えることが大事。逆に反省のステップを飛ばして言い訳から入ると、「本気で悪いと思ってる!?」とさらに怒らせてしまうことも。

頼む　頼りにしてます

長子にお願いする際は「頼りにしてる」が有効。幼い頃から人に頼られることに慣れているため、この一言で俄然やる気を出してくれるはず。事後には「助かりました」とフォローすれば完璧です。

シチュエーション別

中間子に刺さるフレーズ

褒める　うらやましい

何事も周囲との関係性でものを考える中間子には、単に「すごい」「えらい」と褒めても、いまいち刺さりません。それよりは、「うらやましい」のような自分自身の気持ちを表す褒め方が響きます。

叱る　もっとできるはず

「もっとできるはず」のような、期待しているからこそ叱ってくれているんだと実感できるような言葉が有効。シンプルにハッパをかけるだけだと、拗ねてしまう可能性があるので要注意。

謝る　嫌な思いをさせてごめん

感受性豊かなため「嫌な思いをさせてごめん」「ご心配をおかけしました」のような、気持ちにフォーカスした謝罪が有効。しっかりと気持ちに寄り添うことが、許してもらうためのポイントです。

頼む　あなたしかいない

頼み事をするなら、「困っているから助けてほしい」「あなたしかいない」のような、相手の情に訴えかける言葉を使うのが効果的。一度信頼した相手には高い忠誠心を発揮するのも中間子の特徴です。

シチュエーション別

末っ子に刺さるフレーズ

褒める　すごい！

ノリのいい末っ子には凝った言い回しは不要で、「すごい！」「えらい！」「うまい！」など、どんな言葉でもそこそこ刺さります。ノリと勢いで褒めてあげるといいでしょう。

叱る　次から気を付けて

「次から気を付けて」のような、今後の改善を促すフレーズが効果的。これが何事も要領よく行いたい末子の性質を刺激し、自ら行動を改善しようと取り組む可能性があります。

謝る　代わりに○○させて

具体的な埋め合わせを提案するのが有効。ドライな彼らは反省の姿勢なんかよりも、自分に利のある慰謝料がほしいと思っています。「ランチおごるよ」など具体的な見返りを提案しましょう。

頼む　これが終われば○○だよ

末子のやる気を引き出すなら「ごほうび」が効果的。「これが終わったら焼肉に行こう」など鼻先にニンジンをぶら下げると、俄然ハリキリます。逆に人情に訴えるのは効果薄なのでやめておきましょう。

シチュエーション別

一人っ子に刺さるフレーズ

褒める　さすが！

まっすぐに個性を育まれた一人っ子には、「さすが！」「君らしいセンスだね」といった、相手の“らしさ”にフォーカスした褒め言葉が効果的。自尊心がくすぐられるため、かなり嬉しいはずです。

叱る　なにがダメだったと思う？

マイペースな一人っ子には、自分が納得するまで考えさせることが改善につながります。「できるはず」「しっかりしろ」などの言葉はまったく響かないので、こんこんと説得する忍耐が必要です。

謝る　本当にごめん

相手の行動を悪く取らない傾向があり、「誠意が足りない！」と怒ったりはしません。そのため、下手に言葉を重ねるよりも「本当にごめん！」といったシンプルな言葉を使う方が有効です。

頼む　やり方は任せるよ

何事もマイルールで動く一人っ子には、「自由にやっていいよ」と丸投げしてあげると、やる気を引き出せます。ただ、それで暴走されても困るので、ある程度の方向性は指示しておくのがよいでしょう。

この言葉は要注意！

NG用語集

ここでは、日常の中で「使わない方がいい」NGな用語を紹介。心当たりがある人は、今日から意識を改めておきたいところです。

【あなたのためになる】

「大変だけど、あなたのためになるから」「あなたの将来のことを考えても、きっとプラスになると思うなあ」。誰かに仕事を頼む際に使いがちな「あなたのため」というフレーズ。しかし、**「あなたのため」と強調すればするほど、相手にしてみれば、単に面倒なことを押し付けるための口実のようにしか聞こえません。**実際、こうした言い回しを使うときは、少なからず相手に面倒事を押し付けたいという気持ちがあったりするもの。そうした本心はだいたいバレるので、使わないのが賢明です。「あなたのため」などという偽善的な言葉を使うくらいなら、**「やってくれると自分が助かる」とストレートに伝える方が、相手からしてもよほど気持ちよく引き受けやすくなるはずです。**

【いいんじゃない】

「このプランでどうでしょう」「今日の料理どう？」など、なにか意見を求められた際に、つい言いがちな「いいんじゃない」というフレーズ。しかし、「いいんじゃない」には、**どこか上から目線の印象があるため、相手からすると必ずしも嬉しいものではありません。**「いいんじゃない」と思ったのなら、素直に「いいね」と伝える方がよほど好印象でしょう。

【忙しい】

「今週は土日も出勤だし、毎日忙しくて」「資格の勉強が忙しくて、寝不足気味なんだよね」など、**いつも忙しがっている人は、どうしても「そんなに忙しいのなら誘っちゃ悪いか」と周囲から敬遠される**

ようになります。一度「あの人は誘いづらい」という評価をされると、そのあとはなかなか声をかけてもらいにくくなるため、**人付き合いにおいて「忙しい」はマイナス。無駄に「忙しい」アピールをしても得はありません。**本当に忙しくて誘いを断る場合でも、「来週なら大丈夫！」のように、常に忙しいわけではないことをアピールしておくことが、「誘いづらい」と敬遠されないためのポイントです。

【いまの若い子は】

「いまの若い子はテレビとか見ないんでしょ？」「この映画名作なんだけど、いまの若い子は知らないかあ」など、若い人と会話するときについ使ってしまいがちな「いまの若い子は」というフレーズ。しかし、**「若い子」というカテゴリーでひとくくりにされても、相手は「いや、若くても人によるんじゃないですか」と冷めた気持ちになるだけ。やたらと世代間ギャップを強調しないことが大事です。**

【いまのところ大丈夫です】

誘われたときに「いまのところ大丈夫です」と返事をすると、相手は「なにか別の用事が入ったらそっちを優先するってこと？」とモヤモヤした気分に。**日程的に行けるかわからないときは、「いまのところ」といった曖昧な表現ではなく、「行きたいけど、仕事が入っちゃうかも」のように、予定が怪しいことをはっきりと伝える方が好印象です。**

【逆に】

とくに反対の意味でもないのに、やたらと「逆に」を使うのは、自分の印象を下げてしまう悪い話し方のひとつ。「逆に」で話し始めると、言われた方は「なんだろう？」と興味を持ちやすいため、注目を集めるという点では効果的です。しかし、その結果、全然逆でもなんでもない話を聞かされると、相手はうんざりしてしまいます。また、「逆に」と言われると、相手は自分の意見を否定された気分になるため、いい印象を持ちません。「逆に」ではなく、「確かにね」「それで言うと」といった、**肯定的な言葉でつなぐほうが、よい印象を持たれやすくなるためオススメです。**

【仕事なんだから】

「仕事なんだから仕方ないだろ」。急な仕事が入って休日のお出かけができなくなった、家事を手伝ってくれないことを責められた。そんなときに、ついこう言ってしまう気持ちはわからなくもないですが、**「仕事」と言えば許されると思うのは大きな間違い。**「仕事なんだから」ではなく、「申し訳ないけど仕事させてほしい」とお願いするスタンスをとることが大事です。

【そんなの常識だろ】

「ダメに決まっているじゃん、そんなの常識だろ」「なに言ってるの？　常識的にあり得ないだろ」。なにかというとすぐに「常識」を持ち出して相手を否定する人がいます。しかし、これは言われた側からするとかなりイラッとくる言葉。表面上は「すみません」と謝ってきたとしても、内心では「お前の中の常識とか知らねーよ！」とはらわたが煮えくり返っているハズ。そもそも「常識」というのは非常に曖昧な言葉。**自分の中の常識を振りかざしても、相手を心から納得させるのは難しいでしょう。**仮に相手が「常識的にあり得ない」ような提案をしてきても、「常識」を振りかざして否定するのはやめておくのが正解です。

【どうせ】

「どうせ、失敗する」「どうせ、ダメに決まっている」など、「どうせ」のあとに続くのは決まってネガティブなワード。なにかあるたびに「どうせ……」とすぐにマイナスなことばかりいう人と、積極的に仲良くなろうと思う人はなかなかいません。**自覚がある人は、口グセを「きっと」に置き換えてみましょう。**「きっと、大丈夫」「きっと、上手くいく」などポジティブな言葉につなげやすいため、相手の受ける印象もグッとよくなるはずです。

【なんでもいい】

「晩御飯どうしようか」「明日の映画はなにを見る？」「お義父さんへの贈り物なにがいいかしら」。相手からなにか聞かれたときに、すぐに「なんでもいいよ」と答えるのは、やめたほうがいい返答のひとつ。本当になんでもいいと思っているのだから、正直にそう言ったほうが相手も楽なのでは？　と考えてしまうかもしれませんが、これは大きな間違い。**「なんでもいい」は一見、相手を思っての言葉のように聞こえて、実際は「わたしは考えるのを放棄します」と言っているのと同じこと。**言われた側からすると、「考えるのが面倒だから自分に押し付けた」と感じてイライラしてしまいます。「どうしよう」と聞かれたときは、「なんでもいい」と答えるはなく、**「どうしようか？」と一緒に考えるのが正解。相手だけに押し付けないことが大事です。**

【不快に感じたのなら謝ります】

一応、謝罪はしているものの、聞いている方はいまいちスッキリとしないフレーズに、「不快に感じたのなら謝ります」というものがあります。政治家が失言をしたあとによく使うフレーズのひとつですが、この**「不快に感じたのなら謝ります」という言葉を聞いて、「ああ、この人は心から反省しているんだな」と感じる人は少ないでしょう。**その理由はもちろん、「不快に感じたのなら」という前置きがあるせい。つまり、「不快に感じた人がいる」ことについては謝罪するけれども、**発言そのものについては謝る気はないと開き直っているように受け取れるからです。**本当に心からの謝罪を伝えたときは、このフレーズは使わないのが賢明でしょう。

【〇〇してもらうことって可能ですか？】

人になにかを頼む際に使いがちなフレーズに、「〇〇してもらうことって可能ですか？」というものがあります。これは一見すると丁寧な物言いのように聞こえますが、**実際は断られるのが怖いから「可能ですか?」という表現で逃げているだけ。**ある種、保険を張った回りくどい言い方で、人によってはいい印象を持たないでしょう。**なにかを頼みたいときは、「○○してもらえますか」とストレートに伝えた方が印象がよいでしょう。**

【昔はもっと大変だった】

部下にはっぱをかけたいときに使いがちな「昔はもっと大変だった」というフレーズ。しかし、**言われた側からすると、「いや、そんな昔の話をされても時代が違うし……」と思うだけで効果はいまいちです。**仮にこのフレーズを使いそうな年代の人に、「江戸時代はもっと大変だった」と言っても、「はあ」としか思わないでしょう。それと同じです。また、このフレーズには「そんな大変な時代を乗り越えた自分たちはすごい」という自慢も含まれているため、言われた側は気を遣って「すごいですね」と褒めないといけないなど非常にめんどくさいので、自分から「昔は〜」と話し始めるのは避けておくのが無難でしょう。

【要するに○○でしょ】

友人たちと雑談しているときに、すぐ「要するに○○でしょ」と要約したがる人がいますが、これは損な話し方。**そもそもこうした場での会話というのは、他愛のない話を共有して、互いに共感し合うのが目的。話の結論や答えなど誰も求めていません。**それなのに、得意げに「要するに」とまとめられても周囲はシラけるだけです。こうした場で大事なのは、要約ではなく話を広げるような会話をすること。「そうなんだ」のような共感を示すフレーズを使うと、会話が広がりやすくなります。

【よくあることだよ】

悩み事を相談されたときに、「よくあること」と言って慰めるのは、やめた方がいいNG行為のひとつ。**本人にとっては大きな悩みを話しているのに、したり顔で「そんなのよくある話だよ」などと言われたら、どうしたって相手はいい気はしません。**また、「そんなのよくあることだよ。俺だって若い頃は〜」といったように、自分の経験則に基づいたアドバイスをするのもアウト。さも「自分はすべてわかってます」といった顔で話されても、聞かされる方は「あなたになにがわかるの！」とイライラするだけです。**求められてもいないのに勝手にアドバイスをするのは絶対にやめましょう。**

【私って何歳に見えます？】

飲み会などで「私って何歳に見えます？」といったように、やたらとクイズを出したがる人がいます。**会話の話題作りのひとつなのはわかりますが、**クイズを出された側からすると、「若く言ったほうがいいんだろうな」「でも、あまりにも若く言いすぎるとわざとらしいか」「かといって、絶妙なところを攻めてピタリ賞でも喜ばれない上に、もしも実年齢より上だったら機嫌を損ねそうだし……」など**いろいろと気を遣うため、非常に疲れます。若いと言われれば嬉しいですが、余計なクイズはやめましょう。**

【私なんて】

「私なんて全然かわいくないから」「私なんて全然ダメだから」のように、「私なんて」という前置きとともに、**すぐに自分を卑下する人がいます。たとえ謙遜のつもりでも、これはやめた方がいい話し方のひとつ。**「私なんて」と聞かされた側は、どうしても「そんなことないよ」とフォローせざるを得ないため、うんざりしてしまいます。また、明らかに「そんなことない」と**フォローしてくれるのを期待して言っている感も透けて見える**ため、「めんどくさい人」とマイナスの評価をされてしまうことも……。「私なんて」が口グセになっている人は、意識して使わないように心掛けましょう。

【著　者】 **五百田 達成**（いおた・たつなり）

心理カウンセラー。米国CCE,Inc.認定 GCDFキャリアカウンセラー。東京大学教養学部卒業後、角川書店、博報堂、博報堂生活総合研究所を経て、五百田達成事務所を設立。個人カウンセリング、セミナー、講演、執筆など、多岐にわたって活躍中。専門分野は「コミュニケーション心理」「ことばと伝え方」「SNSと人づきあい」。サラリーマンとしての実体験と豊富なカウンセリング実績に裏打ちされた、人間関係、コミュニケーションにまつわるアドバイスが好評。「あさイチ」（NHK）、「ヒルナンデス！」「千鳥かまいたちアワー」（日本テレビ）、「この差って何ですか?」（TBS）ほか、メディア出演も多数。主な著書に『察しない男 説明しない女』『不機嫌な長男・長女 無責任な末っ子たち』『話し方で損する人 得する人』『超雑談力』『不機嫌な妻 無関心な夫』『自分の気持ちを上手に伝える　ことばの魔法図鑑』（以上、ディスカヴァー）などがあり、著書の累計は120万部を超えている。 オンラインサロン「おとなの寺子屋～文章教室～」も好評。

【参考文献】 『超　話し方図鑑　思いどおりに人を動かす!　誰からも好かれる!』（著　五百田達成・飛鳥新社）／『話し方で損する人　得する人』（著　五百田達成・ディスカヴァー）／『「察しない男」と「説明しない女」のモメない会話術』（著　五百田達成・ディスカヴァー）／『話し方で老害になる人尊敬される人　若者との正しい話し方＆距離感　正解・不正解』（著　五百田達成・ディスカヴァー）／『超雑談力　人づきあいがラクになる　誰とでも信頼関係が築ける』（著　五百田達成・ディスカヴァー）／『生まれ順でまるわかり！　長子ってこんな性格。』（著　五百田達成・ディスカヴァー）／『生まれ順でまるわかり!　中間子ってこんな性格。』（著　五百田達成・ディスカヴァー）／『生まれ順でまるわかり!　末っ子ってこんな性格。』（著　五百田達成・ディスカヴァー）／『不機嫌な妻　無関心な夫　うまくいっている夫婦の話し方』（著　五百田達成・ディスカヴァー）／『繊細な人　鈍感な人　無神経なひと言に振り回されない40の考え方』（著　五百田達成・PHP研究所）／『不機嫌な長男・長女　無責任な末っ子たち「きょうだい型」性格分析＆コミュニケーション』（著　五百田達成・ディスカヴァー）／『10歳までに身につけたい　自分の気持ちを上手に伝える　ことばの魔法図鑑』（著　五百田達成・ディスカヴァー）／『嫌われずに言い返す技術』（著　五百田達成・リベラル社）／『超実用　好感度UPの言い方・伝え方』（著　石原壮一郎・ワン・パブリッシング）

※この他にも多くの書籍やWebサイトなどを参考にさせていただいております。

【STAFF】
編集　　株式会社ライブ（竹之内大輔／畠山欣文）
編集協力　　永住貴紀／村田一成
装丁デザイン　　小倉誉菜（アイル企画）
カバーイラスト　　羽田創哉（アイル企画）
本文デザイン　　内田睦美
DTP　　株式会社ライブ

眠《ねむ》れなくなるほど面白《おもしろ》い
図解《ずかい》　語彙力《ごいりょく》の話《はなし》

2024年12月10日　第1刷発行

著　者　　五百田《いおた》達成《たつなり》
発行者　　竹村 響
印刷所　　株式会社光邦
製本所　　株式会社光邦
発行所　　株式会社 日本文芸社
〒100-0003　東京都千代田区一ツ橋1-1-1 パレスサイドビル8F

乱丁・落丁などの不良品、内容に関するお問い合わせは、小社ウェブサイトお問い合わせフォームまでお願いいたします。
ウェブサイト　https://www.nihonbungeisha.co.jp/

Printed in Japan　112241127-112241127Ⓝ01 (300084)
ISBN978-4-537-22253-1
（編集担当：上原）